보부아르의 말

Simone de Beauvoir. Weggefährtinnen im Gespräch
by Alice Schwarzer

보부아르의 말

자유로운 삶을 꿈꾼 자주적인 여성의 목소리

시몬 드 보부아르·알리스 슈바르처

이정순 옮김

마음산책

옮긴이 이정순

이화여대 불어불문학과를 졸업하고 파리 4대학에서 보부아르 연구로 석·박사 학위를 받았다. 대학에서 프랑스어·문학, 여성문학, 인문학을 강의했고, 여성문화이론연구소에서 대표를 역임하고 현재 이사로 있다. 박사 학위 논문「시몬 드 보부아르의 철학사상과 문학표현」외에「시몬 드 보부아르의 자서전」「『아름다운 영상』과 『위기의 여자』에서의 여성 이미지」「시몬 드 보부아르의 페미니즘」「시몬 드 보부아르의 삶, 작품, 사상의 변증법적 관계」등의 논문을 썼고, 저서로는『페미니즘 어제와 오늘』(공저)『성노동』(공저)이 있다.『제2의 성』『시몬 드 보부아르의 연애편지 1, 2』『남성의 재탄생』『사랑의 모든 아침』등 여러 책을 우리말로 옮겼다.

보부아르의 말

자유로운 삶을 꿈꾼 자주적인 여성의 목소리

1판 1쇄 인쇄 2022년 10월 5일
1판 1쇄 발행 2022년 10월 10일

지은이 | 시몬 드 보부아르 · 알리스 슈바르처
옮긴이 | 이정순
펴낸이 | 정은숙
펴낸곳 | 마음산책

편집 | 권한라 · 성혜현 · 김수경 · 나한비 · 이동근
디자인 | 최정윤 · 오세라 · 차민지
마케팅 | 권혁준 · 권지원 · 김은비
경영지원 | 박지혜

등록 | 2000년 7월 28일(제2000-000237호)
주소 | (우 04043) 서울시 마포구 잔다리로3안길 20
전화 | 대표 362-1452 편집 362-1451   팩스 | 362-1455
홈페이지 | www.maumsan.com
블로그 | blog.naver.com/maumsanchaek
트위터 | twitter.com/maumsanchaek
페이스북 | facebook.com/maumsan
인스타그램 | instagram.com/maumsanchaek
전자우편 | maum@maumsan.com

ISBN 978-89-6090-772-0 03330

★ 책값은 뒤표지에 있습니다.

★ 사전에 저작권자와 연락이 닿지 않은 사진은 연락이 닿는 대로 사용 허가 절차를 밟겠습니다.

로마 거리에서 산책할 때
항상 위협을 느낀다는 사실을
남성인 당신은 몰라요.

■ 일러두기

1. 이 책은 독일에서 출간된 『Simone De Beauvoir: Weggefährtinnen im Gespräch』
   (KiWi-Taschenbuch, 1983)의 프랑스어판 『Entretiens avec Simone de Beauvoir』
   (Mercure de France, 2008)를 우리말로 옮긴 것이다.
2. 외국 인명·지명·독음 등은 외래어표기법을 따르되 관용적인 표기와 동떨어진 경우 절
   충하여 실용적인 표기를 따랐다.
3. 국내에 소개된 작품명은 번역된 제목을 따르거나 우리말로 옮겼고, 국내에 소개되지 않
   은 작품명은 원어 제목을 독음대로 적거나 우리말로 옮겼다.
4. 원문에서 이탤릭체로 강조한 부분은 굵은 고딕체로, 옮긴이 주는 글줄 상단에 표기했다.
5. 책 제목은 『 』로, 매체명은 〈 〉로 묶었다.

내가 그녀를 처음 만난 때는 1970년 5월이었다. 그때의 짧은 만남은 그녀에게서 비롯된 어떤 신중함 때문에 강하게 인상에 남아 있다. 그 만남은 우연의 산물이었다. 사실은 사르트르를 만나러 파리에 갔었다. 당시 여러 독일 미디어의 파리 통신원이었던 나는 '혁명적 폭력' 즉 '저항의 권리'가 존재하는지, 만약 그렇다면 '반反폭력' 행사로는 어디까지 갈 수 있는지 묻기 위해 철학자와 약속을 잡았다.

라스파이유 대로에 있는 사르트르의 '스튜디오프랑스에서는 원룸아파트를 스튜디오라고 함'에서 그와 만났다. 예정된 대담 시간은 30분이었다. 대담이 끝나갈 무렵 열쇠 구멍에서 열쇠 돌아가는 소리가 들리더니 문이 열렸다. 시몬 드 보부아르였다. 그녀는 내게(그리고 조금 긴 내 금발 머리와 미니스커트에) 성난 눈길을 짧게 던진 후 건조하고 거의 퉁명스러운 몇 마디 말로 사르트르에게 기자회견이 자신들을 기다리고 있다고 상기시켰다. 그런 다음 방 안쪽에 있는 사르트르의 책상 앞에 자리를 잡고 작업을 시작했다.

보부아르가 나 때문에 시간이 지체되어 짜증이 났다는 사실을 깨닫자 당혹스러워졌다. 나는 그 유명한 '낙타 표정tête de chameau', 누군가 혹은 무언가가 마음에 들지 않을 때 그녀가 짓는 명백히 적대적인 표정에 처음으로 직면했다. 나중에 알게 되지만, 그녀는 타협을 모르는 사람이었다. 대신 한번 마음속에 누군가를 받아들이면 좀처럼 그를 쫓아내지 않았다.

지금도 나는 이따금 그날의 강렬한 감정이 되살아나는 것을 느낀다. 설령 그 당시 '68세대'의 동조자였고 학생 저항운동에 절대적 연대를 선언하면서 큰 인기를 얻었던 사르트르 때문일지라도 말이다. 무엇보다 보부아르가 있었다……. 나는 사실 사르트르보다 그녀에게 훨씬 더 친근감을 느꼈다.

비록 멀리 떨어져 있지만, 나는 1960년대 초반부터 시몬 드 보부아르 같은 인물의 삶이 상상을 초월하는 도전이자 엄청난 격려가 되어준 세대에 속한다. 우리 세대는 그녀의 작품(소설, 회고록, 철학서)뿐만 아니라 삶에서도 영향을 받았다. 보부아르는 전통 파괴적으로 당대 가장 소란스러운 정치 논쟁에 개입하여 존경의 대상이 되었고, 지식인으로서 프랑스 식민주의자들이 주도한 알제리전쟁에 반대하며 알제리에 열정적으로 지지를 보냈다. 또한 반려자와 결혼 대신 '자유로운 결합'을 맺고 살던 여성이었다. 우리에게 영감을 주고 성공으로 빛나던 바람직한 여성 문인이었다. 요컨대 전무후무한 하나의 현상! 전형적인 본보기였다.

당시 만약 누군가가 나에게 우리가 잠시 동행할 것이고, 내가 그녀의 작품 수용 전체에 흔적을 남긴 이 대담들을 함께 이끌어갈 거라고 말했다면 믿지 못했을 것이다. 그러나 나는 이 대담들을 진행한 시기(1972년과 1982년 사이)에 전 세계에서 읽히고 존경받던 시몬 드 보부아르가 불과 몇 년 뒤에 진가를 인정받지 못할 뿐만 아니라 광범위하게 무시당하는 상황에 놓이리라고는 상상조차 못 했다.

안타깝게도 페미니즘에 반대하는 매우 폭력적이고 예상치 못한 해로운 결과—페미니즘 진영 자체에서 나온 것을 포함해—로 상상할 수 없는 일이 가능해졌다. 20세기의 가장 탁월한 페미니즘 이론가가 21세기 벽두에는 거의 잊힌 것처럼 보인다. 그러므로 그녀를 재발견하는 일이 시급하다! 왜냐하면 시몬 드 보부아르는 오늘날 우리가 스스로에게 제기하는 문제들에 정확히 답하고 있기 때문이다.

20세기의 가장 야심 차고 급진적인 페미니즘 분석서 『제2의 성』과 시몬 드 보부아르의 비타협적인 접근을 실추시킨 것은 페미니즘의 근본적인 원칙을 부정하고 심지어 전복시킨 사이비 페미니즘과 포스트 페미니스트적 조류다. 그 원칙이란 무엇인가? 간단히 말하면 여성과 남성에게 똑같은 기회와 권리와 의무를 엄정하게 부여하고, 남성 지배 원리를 의문시하는 것이다. 1970년대 초 페미니스트 운동이 비약적으로 발전하면서 선언한 이중의 목표는 그것, 다름 아닌 바로 그것이었다.

반격은 오래 걸리지 않았다. '새로운 여성성'은 여성운동 안팎에서 퍼졌다. '영원한 여성'이 다시 유행하며 때로는 자연의 이름으로 때로는 문화의 이름으로 신화화되고 절대 돌이킬 수 없는 것으로 포고되었다. 오늘날 이미 망각 속에 파묻힌 이 사상의 조류를 사람들은 '차이주의 différentialisme'라 일컬었다.

차이주의는 1980년대 말에 기본 가설이 정반대인 **젠더 이론**gender theories으로 대체되었다. 이후 사람들은 섹스나 젠더는 물론, 사회 속 역할 분배나 생물학적 성에서 비롯된 규정도 존재하지 않는다고 주장했다. 오직 자기 마음대로 역할을 바꿀 수 있는 인간존재만 있을 뿐이라는 말이다. 자, 이것은 아주 흥미로운 개념이지만 몇몇 기본적인 현실을 무시하고 있다. 혹은 시몬 드 보부아르의 용어 자체를 다시 취하자면, "영원한 여성, 흑인의 영혼, 유대인의 성격이라는 개념을 거부하는 것이 오늘날 유대인, 흑인, 여자가 있다는 사실을 부정하는 것은 아니다. 이러한 부정은 당사자들에게는 해방이 아니라 정당하지 않은 도피를 나타낼 뿐이다. 어떤 여자도 자신을 기만하지 않고서는 성性을 무시한 채 자신이 누구라고 주장할 수 없다.”• ‘구성된’ 성이라는 생각이 새로움 외의 모든 것이라 보는 시각을 거부하면서 사람들은 역사적인 비상식을 저지른다. “우리는 여자로 태어나는 것이 아니라 여자가 되는 것이다.” **젠더 이론**이 『제2의 성』의 이 핵심 문장을 기탄없이 받아들이지 않는 점은 명백한 오류다. 젠더 이론은 유사한 형태로 이미 만들어진 어떤 개념을 재사유하는 대신 이 문장을 출발 가설로 받아들여야만 할 것이다.

그러나 우리는 여성운동이 탄생하던 행복하고 순진무구한 시절, 다가올 차이주의의 전개도 **젠더 스터디**의 편집증이 띠게 될 불합리한 성격의 전개도 전혀 알 수 없었다. 내가 보부아르를 처음 만난 지 겨우 몇 개월 지났을 때 페미니스트들은 첫 번째 여성운동이 끝난 반세기 후 다시 자신들의 목소리를 들려주었다. 그때 우리는 다시 한번 모든 점에서 의견이 일치했다.

나는 1970년 9월에 선구자들의 소집단에 합류했고, 이듬해 봄부터 우리는 이미 거의 조직화한 그룹을 형성하였다. 그룹의 이름은 여성해방운동Mouvement de Libération des Femmes, 줄여서 MLF라고 불렀다. 우리는 괄목할 만한 캠페인, 특히 여성의 낙태 권리를 위한 캠페인을 벌였다. 많은 유명 인사를 포함한 343인의 여성이 공개적으로 “나는 낙태를 했고 모든 여성을 위해 이 권리를 요구한다!”라고 주장했다. 시몬 드 보부아

• 시몬 드 보부아르, 『제2의 성』, 이정순 옮김, 을유문화사, 2021, 27쪽.

르도 그중 한 사람이었다(그리고 나는 프랑스의 이 선언 아이디어를 1971년 봄에 독일로 들어와 커다란 성공을 거두었다. 그 행동은 독일에서 여성운동을 촉발했다).

그때부터 보부아르는 페미니스트들과 협력하기 시작했고, 그녀는 정치적 차원에서만큼이나 인간적 차원에서도 그들을 신뢰했다. 단 한 번도 우리를 지지해달라는 요청을 거절하지 않았다. 사르트르가 신좌파 중 한 분파의 '동행자compagnon de route'가 되었던 것과 마찬가지로 보부아르는 반자연주의적이고 보편주의적인 페미니즘 흐름 중 하나의 동행자가 되었고, 여성에게—따라서 일반적으로 모든 인간에게—부여된 모든 '자연적 역할'에 대한 생각에 맞서 싸웠으며 모두의 평등을 위한 투쟁에 참여했다.

MLF 안에서 시몬 드 보부아르의 역할은 무엇이었던가? 정치적 회합이든 친구들 간의 저녁 식사든 그녀는 언제나 약속 시간을 엄수했다. 시간을 지키지 않는 것만큼 싫어하는 것은 없었다. 그녀는 시간을 단 1분도 낭비하지 않았고 논쟁에서는 가차 없는 정확성으로 기여했으며, 모든 관습에 대한 거의 무정부주의적인 경멸은 저항할 수 없이 매력적이었다. 보부아르가 보기에 결코 무엇도 지나치게 급진적이지 않았다. 그러나 종종 그녀의 몸가짐에는 좋은 교육의 규범에 놀랍도록 일치하는 무언가가 있었다. 가령 무릎에 댄 핸드백을 꼭 쥐고 있는 방식을 떠올릴 때면…….

그때는 새로운 전망이 열리는 시기였고 모든 것이 가능해 보였으며 정치적 작업이 우리의 삶 전체를 일종의 취기로 가득 채우던 시기였다. 나는 만남, 토론, 정치적 행동…… 그리고 회식으로 풍요로웠던 저녁 시간들을 기억하고 있다. 시몬 드 보부아르와 함께했던 '먹기bouffes. 식사의 속어'는 아주 빠르게 소중한 하나의 습관이 되었다. 우리는 돌아가면서 음식을 준비했으나 절대 그녀의 집에서는 요리를 하지 않았다. 그녀가 싫어했기 때문이다. 대부분 우리집에서 만났다. 나는 요리를 아주 좋아했다. 우리는 보통 여섯 명에서 여덟 명이 모여 성대한 식사를 하고, 술을 마시고, 토론을 하고, 온갖 종류의 계획을 세웠다.

보부아르와의 첫 번째 대담에 관한 생각이 싹튼 것은 여느 때처럼 이런 '식사'를 하는 동안이었다. 나는 한때 페미니즘에 유보적이던 이론가가 실천적 페미니즘으로 '전향'한 것을 공개적으로 알리는 일이 중요하다고 생각했다. 사실 1949년에 출간되어 그녀를 20세기 페미니즘의 가장 상징적인 대표 주자 가운데 한 사람으로 만든 『제2의 성』에서 시몬 드 보부아르는 독자적 여성운동의 필요성과 거리를 두고 있었다. 그녀는 사회주의가 성차별주의 문제를 자동으로 해결하리라는 신념을 수없이 표명했다. 그러나 스탈린주의와 포스트 스탈린주의적 '현실사회주의'는 보부아르와 사르트르를 포함해 많은 사람이 곧 환상을 버리도록 했다.

우리의 첫 번째 대담이 신기원을 이루었다면 그것은 또한 부분적으로 이런 정치적 변동 덕택이다. 이 대담은 1972년 초에, 다시 말해 태동하던 페미니스트 운동들이 서구 모든 나라에서 많은 페미니스트 투쟁가를 배출한 좌파와 갈등 국면에 접어들고, 자신들의 특수성을 인정받고자 완강히 투쟁하던 때에 출간됐다. 급진 좌파와의 긴밀한 관계가 공공연히 알려져 있던 보부아르는 더 이상 주저하지 않고 "나는 페미니스트다!"라고 목청 높여 큰 소리로 선언하였다. 게다가 그녀는 좌파 정당들로부터 독립적이고 자율적인 페미니스트 운동을 조직하라고 권장했고, 자본주의국가든 사회주의국가든 그 안의 '남성 동지들'에 대한 비판을 주저하지 않았다. 우리의 대담은 전 세계에—일본어로까지—번역되었으며 수많은 여성 집단 사이에 해적판으로 유포되었다.

1년 뒤 나는 독일 텔레비전 방송국에서 시몬 드 보부아르의 초상에 관한 방송 하나를 만들었다. 보부아르와 사르트르가 그들의 관계에 대한 질문에 답변하는 대담은 1973년 로마에서 촬영된 필름에서 발췌한 것이다. 내가 알기로는 두 사람 모두 모든 세대에게 '자유 결합'의 전형을, 다른 어떤 '자유 결합'보다 더 잘 구현했던 그들 관계의 규칙을 솔직하게 언급하고 있는 유일한 대담이다.

로마에서 보낸 날들은 단순한 정치적, 저널리스트적 공동 작업을 넘어서는 우정의 시작이었다. 특히 나는 보부아르, 사르트르와 함께 셋이 음식점 테라스에서 전 세계를 가볍게 조롱하며 즐거워했던 긴 저녁나절들을 기억하고 있다. 우리를 친밀하게 만드는 것들 중에는 때로 긴 철학적 대화보다 더 교훈적일 쑥덕공론에 대한 취미도 있었다.

1970년대 중반 시몬 드 보부아르는 세 번째 대담에서 여성에게(따라서 남성에게도) 부여된 '자연적 역할' 개념의 회귀 경향—그 당시 이미 감지되고 있었다!—에 대해 경고했다. 그녀는 "여자들에게 냄비를 닦는 일이 신성한 임무라고 말할 수 없으니까 아이를 기르는 것이 신성한 임무라고 말합니다"라고 비꼬았다.

무엇보다 보부아르가 모성에 대한 의견을 표명하자 수많은 항의가 쇄도했다(『제2의 성』 출간 당시 사랑, 동성애 그리고 모성애에 할애한 장章들이 떠들썩한 반응을 일으켰던 것과 마찬가지로). 그녀는 전 세계 여성들에게서 편지를 받았다. 때로는 자택으로까지 편지가 왔다. "당신은 어머니들에게 원한을 품고 있어요! 당신은 욕구불만에 차 있는 게 틀림없어요!" 오늘날까지 시몬 드 보부아르의 사상을 특징짓는 '모든 타협의 거부'를 견딜 수 없어 하는 사람들은 여전히 끈질기게 그녀를 왜곡하려 한다.

보부아르는 평생 몇 번이나 "한 번도 어머니가 되지 않았다는 사실이 당신에게 근본적인 무언가가 박탈되었다는 느낌을 주지 않았나요……?"라는 질문에 답하도록 독촉받았던가. 사람들이 사르트르에게 아버지가 되어보지 못해 불완전한 인간으로 느끼지 않았냐고 물어본 적이 있던가? 모성에 관한 몇몇 의견에서 그녀가 스스로를 속이는 여자들의 자기기만 형태에 의분義憤을 넘어 때로 노기怒氣까지 내비치는 것은 그 때문이다.

그렇다면 시몬 드 보부아르는 모성에 관해 정확히 무엇을 말하고 있는가. 모성은 그 자체로 창조적 행위가 아니라 생물학적 능력이라는 점이다. '모성적 역할'의 이름으로 사람들이 아이를 보살피는 책임 대부분을 여자에게 전가하는 데 반해 이 모성적 역할은 타고난 것과 거리가 먼 교육으로 주입되었다는 것. 생물학적 능력(생명을 주는 것)이 반드시 모성의 사회적 의무(아이를 기르는 것)를 초래하지는 않는다는 것. 모성은 한 여자의 인생의 본질적인 사명을 구성하지 않는다는 것. 현재의 조건 아래서 모성은 종종 여자들을 진정한 예속 상태에 놓이게 하고 집 안에 묶어놓는다는 것. 그리고 이 모든 이유로 모성에 대한 **이런 관념**을 극복하고 여성과 남성에게 주어진 임무의 전통적 배치를 구시대적이라고 선언해야만 한다는 것을 말이다. 2007년 독일의 가족부 장관이었던 우르줄라 폰데어라이엔이 말하는 바도 이와 다르지 않다. 유일한 차이라면 보부아르가 말한 지 60년이 지난 뒤에 말하고 있다는 점이다.

우리에게는 1976년 대담에서 '영원한 여성'의 신화화와 그 경향이 페미니스트 진영에서도 나타난 점을 거론하는 것이 중요해 보였다. 시몬 드 보부아르는 이 대담에서 '이타성異他性'에 대한, 게다가 또 여자들의 '우월성'에 대한 모든 생각에 반대하며 정정당당한 공격에 열중한다. "그건 제가 생각하는 모든 것과 완전히 모순되는 가장 퇴행적인 생물학주의일 겁니다. (…) 남자들이 우리에게 '그러니 얌전하게 여자로 남아 있으시오. 권력, 명예, 직업…… 이 모든 진저리 나는 일을 우리에게 남겨두시오. 대지에 묶여 인간적인 임무를 맡아 거기 있는 것으로 만족하시오'라고 말하는 건 대단히 위험해요!" 이 책에 수록된 대담 중 1982년 9월에 이루어진 마지막 대담에서 그녀는 평등 쪽으로 향하는 대신 여성의 '차이'—특수한 역사와 삶의 조건에서 결과한, 분명 대단히 현실적인—에 대해 주장하는 여자들이 무릅쓰는 위험에 관한 말을 여러 번 되풀이한다.

보부아르는 또한 나의 내밀한 질문에도 솔직하게 답변한다. 그러나 '회고록' 본문에 등장하는 '회고록'은 보부아르가 쓴 회고록 전반을 가리킴에서와 마찬가지로 그녀는 모든 진실을 말하지 않을 권리를 주장했다. 그것은 타인들의 사적 영역에 대한 존중으로 설명되지만 부분적으로만 그렇다. 완전한 진실, 보부아르는 그것을 자신의 서신, 특히 사르트르와의 서신을 통해 사후 공개하는 방식으로 밝혔다. 보부아르는 자신이 사르트르의 서간집을 출간한 것처럼 상속인 실비 르 봉이 자신의 서간집을 출간하리라는 사실을 익히 알고 있었다.

1986년 4월 14일 갑작스럽게 세상을 떠나기 몇 년 전 나눈 마지막 대담에서 나는 시몬 드 보부아르에게 모든 것을 다시 해야 한다면 자신의 작품에서 바꿀 것이 있는지 물어보았다. "네. 저의 섹슈얼리티에 관해서 아주 솔직한 결산을 할 거예요"라고 했다. 사실상 그녀는 자신의 양성애에 관해서 모두 말하지 않았다. 그리고 '자유로운 연애'를 하기 위해 지불해야만 했던 대가에 대해서도 다 말하지 않았다.

종종 자신보다 훨씬 어리고 유망하지만, 단지 나이 차 때문에라도 보부아르에게 대항할 수 없었던 파트너들과 일률적으로 불평등한 관계를 맺으면서, 그녀가 여성적 사랑에 어떤 기회도 인정하지 않았다는 점을 밝혀두어야 한다. 그녀가 자기 삶의 중심적인 자리를 실비 르 봉이란 한 여성에게 승낙한 것은 사르트르 생애 마지막 몇 년, 그의 존재가 병으로 인해 축소된 기간 동안이었다. 비록 『제2의 성』에서 당시로서는 상상을 초월하는 금기에 대한 경멸로 여성 간 동성애를 언급했다 할지라도, 그녀는 1970년대 여성운동 덕분에 비로소 자신의 분석에 대한 정치적이고 구체적인 해석을 고려할 수 있었다.

여성 간의 사랑은 시몬 드 보부아르에게 명백히 유혹인 동시에 위험을 나타냈다. 페미니스트의 양성애에 대해 때 이른 의심을 동반하며 일어난 격렬한 불신의 반응은 사회에서 이미 그녀의 위치를 흔들고 있었다. 그녀는 한 남자의 지원에 의지하거나 적어도 그를 자기 곁에 두어야만 자신이 목표로 했던 완전한 독립에 이를 수 있으리라고 느꼈을 것이다.

그것이 그녀의 '쌍둥이', 사르트르와 맺은 종신계약의 진정한 이유였던가? 젊은 시몬 드 보부아르가 전도유망한 철학자를 선택한 이유는 무엇보다도 그의 중개를 통해 여자인 그녀에게 금지되어 있던 한 세계에 접근할 목적에서였던가? 바로 그 때문에 어떤 대가를 치르더라도 그 밀접한 관계를 위험에 빠뜨리고 싶어 하지 않았던 것인가? 사르트르와 그토록 공모했던 '상호 침투'는 남자들 세계의 문을 여는 그녀의 방식이었던 것인가? 사르트르는 여자라는 이유로 보부아르를 괴롭힌, 금지에서 비롯된 욕구불만의 배출구 역할을 했던 것은 아닌가? 따라서 그 또한 그녀에게 '한 남자처럼' 생각하고 행동할 수 있는 수단이었던 것인가?

그러면 사르트르는 보부아르에게 결국 커플의 반쪽 그 이상, 즉 사람들이 여자로서 그녀에게 거부한 **다른 반쪽**cette autre moitié, 세상의 반쪽이 아니었던가? 자, 이런 것들이 오늘날 제기되는 질문들이다.

1908년 1월 9일 파리에서 태어난 시몬 드 보부아르는 적어도 이론상으로는, 제1차 세계대전 이후 교육과 직업생활에 접근할 수 있었던 첫 여성 세대에 속했다. 이런 선구자들—철학자 한나 아렌트나 작가 메리 매카시 혹은 인류학자 마거릿 미드를 예로 들자—은 자존심이 강하고 자신만만했으며 성차별주의란 극복되었다고 간주하였다. 그들은 우선 자신을 여자로 규정하지 않았다. 그런고로 보부아르는 "나는 '여자'가 아니었다. 나는 나였다"라고 회고적으로 쓸 수 있었다. 그 세대 여성들이 자신의 자유가 제한되어 있었다는 사실을 받아들이는 데는 수년에서 수십 년이 필요했다. 아렌트 같은 몇몇 여성은 늘 그 사실을 인정하기를 거부했다. 여성들이 제약 없이 교육과 모든 직업적·사회적 영역에 접근하는 혜택을 받을 수 있었던 것은 오직 새로운 페미니스트 운동과 함께할 때였다. 오늘날 새로운 세대, 희망뿐 아니라 환상으로 가득 찬 해방의 젊은 여성 세대가 뒤를 잇고 있다. 바로 이 세대가 시몬 드 보부아르로부터, 그녀의 승리처럼 그녀의 패배에서, 그러나 무엇보다도 통찰력 있고 담대하며 감상벽이나 타협으로 인해 절대 흐려지지 않았던 그녀의 시선에서 많은 점을 배울 것이다.

2007년 8월

알리스 슈바르처

  알리스 슈바르처와 나눈 이 대담들은 1972년 초부터 1982년 9월 사이 10년간 진행되었다. 페미니스트적이고 개인적인 우리의 우정 덕분에 그녀는 나의 관심을 끄는 것들을 곧장 질문했고, 나는 아주 자유롭게 답변할 수 있었다. 그러므로 이 대화들은 대담이 진행된 기간 동안의 페미니즘에 대한 나의 태도, 즉 오늘날에도 여전히 나의 태도인 것에 관한 매우 정확한 증언이다. 사실을 말하자면 1970년 당시, 사람들이 새로운 페미니즘이라 부르던 것에 참여하던 때부터 내 생각은 거의 변하지 않았다. 그렇지만 페미니스트적 실천의 영향을 받아 약간 수정될 수 있었다. 페미니스트적 실천이란 다른 여성들과의 관계, 그녀들에게서 받은 편지, 참여했던 활동들을 말한다. 내가 생각하기에 사유思惟는 체험을 통해 인도되는 것이 좋은데, 여하튼 그것이 내가 걸어온 길이다. 따라서 도중에 몇몇 수정이 이루어졌으므로 이 인터뷰는 연대순을 존중하면서 읽어야 한다. 인터뷰에서 나는 주로 나의 페미니스트적 입장에 관하여 이야기하고 있다. 그러나 알리스 슈바르처가 사르트르와 나, 우리의 관계에 대해서도 질문을 했기 때문에 그에 대해서도 이야기하는 것이 좋겠다고 생각했다. 어떤 페미니스트들은 만약 한 여성이 남성과 밀접하게 결합하고 있으면 자신들과 동일한 투쟁을 할 수 없다고 믿는다. 나는 이 의견에 동의하지 않으며 내가 어떻게, 적어도 나에 관한 한 둘을 양립시킬 수 있었는지 말하고 싶었다. 이 작은 책이 오늘날 프랑스에서 출간되는 것이 만족스럽다. 왜냐하면 이 책은 나의 독자들이 나를 더 잘 알 수 있게 돕고, (희망하건대) 내가 깊이 결부된 대의를 더 잘 이해하도록 도울 것이기 때문이다.

파리, 1983년 9월
시몬 드 보부아르

차례

영원한 여성은 허구에 지나지 않아요.
왜냐하면 한 인간의 발전에서
본성은 아주 작은 역할만 하기 때문이죠.
우리는 사회적 존재입니다.

메모 중인 보부아르(1954)

나는 페미니스트다

저는 여성들이 자신의 상황을
변화시키고자 한다면 변화를 위한 행동에
전념해야 한다고 믿었어요.

슈바르처   『제2의 성』 이후 여성의 상황에 관한 당신의 분석은 가장 급
진적인 것으로 남아 있습니다. 어떤 작가도 그처럼 멀리 가
지 않았고, 우리는 당신이 새로운 여성운동에 영감을 주었
다고 말할 수 있어요. 하지만 당신이 여성들의 구체적이고
집단적인 투쟁에 투신하기까지는 23년을 기다려야 했습니
다. 그리고 당신은 작년 11월 파리에서 국제 여성 행진Marche
internationale des femmes. MLF가 주도한 첫 번째 가두 행진에 참여했죠.

이유가 무엇인가요?

보부아르   지난 20년 동안 프랑스에서 여성의 상황이 실제로 달라지

---

  *   이 인터뷰는 1972년 2월 파리에서 진행되었다.

지 않았다고 생각하기 때문이에요. 여성은 결혼과 이혼에 관해 법적인 차원에서 몇 가지 작은 권리를 얻었어요. 피임법은 널리 알려졌지만 충분치 않아요. 왜냐하면 프랑스 여성의 단 7퍼센트만 피임약을 사용하고 있으니까요. 또한 여성은 직업 세계에서도 확고한 이점을 얻지 못했어요. 어쩌면 예전보다 조금 더 많은 여성이 일하고 있겠지만, 많지는 않아요.

어찌 됐든 여성들은 여전히 별로 중요하지 않은 일자리에 갇혀 있습니다. 기업의 장長이 아니라 비서직에 있고 의사보다는 간호사가 더 흔하죠. 가장 흥미로운 직업은 실질적으로 금지되어 있고 직업 내부에서는 승진이 막혀 있어요. 이런 모든 사항들이 저를 숙고하게 했습니다. 저는 여성들이 자신의 상황을 변화시키고자 한다면 변화를 위한 행동에 전념해야 한다고 믿었어요. 한편 1970년 조직된 여성해방운동(MLF) 이전에 프랑스에 존재했던 여성단체들은 개량주의적이고 준법적이었어요. 거기에는 전혀 합류하고 싶지 않았어요. 그와 반대로 새로운 페미니즘은 급진적입니다. 이 운동은 '오늘 당장 삶을 바꿀 것'이라는 1968년의 구호를 계승하고 있어요. 미래에 기대를 걸지 말고 기다림 없이 행동해야 한다는 것이죠.

MLF 여성들과 접촉했을 때, 저는 함께 싸우고 싶었어요. 그들은 저에게 저와 다른 여성들이 낙태를 했다는 내용의 선언문을 작성해달라고 부탁했습니다. 저는 그 방식이 오늘날 프랑스에서 제기되는 문제 중 하나인 낙태 문제에 주의를 끌게 하는 데 유효할 거라고 생각했어요. 따라서 저에게는 1971년

11월에 거리로 나가 MLF의 전투적 페미니스트들과 '무상의 자유로운 낙태, 무상의 자유로운 피임, 자유의사에 따른 모성 프랑스어의 모성(maternité)이란 단어에는 임신, 출산이라는 의미도 있음'이라는 슬로건을 제 것으로 삼고 시가행진을 하는 일이 아주 자연스러웠습니다.

슈바르처 프랑스 상황에 관한 이야기군요. 당신은 사회주의국가 여러 곳을 방문했어요. 거기에서는 여성의 상황이 근본적으로 변화되어 있던가요?

보부아르 그곳 여성들의 상황은 조금 다릅니다. 예를 들어 저는 소련 여성들의 상황을 가까이서 보았어요. 거의 모든 소련 여성들이 일하고 있고, 일하지 않는 여성들(몇몇 고위 관료나 요직에 있는 남성들의 아내들)은 다른 여성들에게 무시당합니다. 소련 여성들은 일하는 것을 무척 자랑스러워해요. 그녀들은 상당히 중요한 정치적·사회적 책임을 맡고 있고, 자신들의 책임에 대한 감각도 있습니다. 하지만 진짜 권력을 쥔 중앙위원회나 의회에 있는 여성의 수는 남성보다 훨씬 적어요. 그녀들은 그중에서도 가장 덜 쾌적하고 덜 인정받는 직업에 종사하고 있죠. 의료가 무상이기 때문에 의사라는 직업은 극히 힘들고 고되며 국가에서 받는 보수 또한 아주 적어요.

여성들의 활동은 의료·교육 분야로 한정되어 있고, 과학·기술직 등 더 중요한 직업은 여성들에게 훨씬 덜 개방되어 있어요. 그러므로 여성들은 직업상 남성들과 동등하지 않아요. 한편으로 곳곳에서 맞닥뜨리는 파렴치한 행위에 대항해 해방운동Mouvement de Libération의 여성들이 투쟁하고 있어요. 즉 집안 일과 아이 돌봄의 책임을 전적으로 여성에게 돌리는 것에 대해서요.

가령 솔제니친의 『암 병동』을 읽어보면 대단히 놀라워요. 그책에서 우리는 병원의 거물급 의사이자 의학계의 거목인 한여성을 볼 수 있죠. 그녀는 병원에서 환자들을 돌보느라 지친하루를 마친 뒤 서둘러 집으로 가서 남편과 아이들을 위한 저녁 식사를 준비하고 설거지를 해요. 상점에서 몇 시간 동안줄을 서는 것도 그녀예요. 그녀는 몹시 고된 직업상의 모든임무 위에 집안일을 포개 올리지요, 정확히 다른 나라들에서그런 것처럼요. 어쩌면 프랑스보다 더 심할지도 몰라요. 프랑스에서는 유사한 상황에 처한 여성이라면 가사 도우미를 둘거예요.

어떤 관점에서 보면 자본주의국가 안의 여성 조건보다 낫긴하지만 더 힘든 조건이에요. 우리가 내릴 수 있는 결론은 **소련에서도 남성과 여성의 평등이 결코 실현되지 않았다는 겁니다.**

슈바르처 이유가 무엇일까요?

보부아르 우선 사회주의국가들이 실제로는 사회주의가 아니에요. 어디에서도 마르크스가 꿈꾸었던 것처럼 인간을 변화시킬 사회주의가 실현되지 않았어요. 생산관계는 바꾸었으나, 생산관계를 바꾸는 것이 진정으로 사회를 변화시키고 인간을 변화시키기에 충분치 않다는 사실을 우리는 점점 더 잘 이해하고 있어요. 그래서 결과적으로 다른 경제체제에도 불구하고 남성과 여성의 전통적인 역할이 그대로 머물러 있는 것이죠. 이는 우리 사회에서 **남자들이 스스로 우월하다는 생각을 마음속 깊이 내면화한 사실과 연결되어 있어요. 나는 그걸 우월 콤플렉스라고 부릅니다.** 남자들은 그 생각을 포기할 준비가 되어 있지 않아요. 그들은 자신의 가치를 높이기 위해 여자에게서 열등한 인간을 보려고 하죠. 스스로 열등하다고 생각하는 데 하도 익숙해져 있어서 평등을 쟁취하기 위해 투쟁하는 여자들이 드문 겁니다.

슈바르처   페미니즘의 개념에 관해 많은 오해가 있습니다. 저는 당신이 당신 자신의 정의를 내려주셨으면 좋겠어요.

가장 하잘것없고 귀찮고
빛나지 않는 일을 하던 사람은
언제나 여자예요.

보부아르   저는 여성문제의 해결책이 사회의 사회주의적 진보에 있음이 분명하다고 생각해서 『제2의 성』 말미에 페미니스트가 아니라고 썼어요. 저에게 페미니스트란 계급투쟁과는 무관하게 말 그대로 여성의 요구 사항에 관해서 싸우는 사람을 의미합니다. 지금도 동일한 정의를 유지하고 있어요. 즉 여성 조건을 바꾸기 위해서, 물론 계급투쟁과 관계를 맺되 그것의 외부에서, 이 변화를 사회의 변화에 완전히 종속시키지 않은 채 싸우는 여자들, 나아가 남자들까지도 페미니스트라고 부릅니다. 그래서 저는 오늘날 저를 이런 방식으로 페미니스트라고 하겠습니다. 왜냐하면 우리가 꿈꾸는 사회주의가 도래하기 전에 여성의 구체적인 조건을 위해 싸워야만 한다는 것을 깨달았기 때문이에요. 다른 한편으로 사회주의국가에서조차 이 평등이 이루어지지 않았다는 사실을 깨달았어요. 그러므로 여자들은 자신들의 운명을 걸머져야 합니다. 그 결과 저는 지금 여성해방운동과 관련되어 있죠.

게다가 저는 **프랑스 좌파 운동 내에서, 심지어 극좌파 운동 내에서도 남자와 여자 사이에 불평등이 뿌리 깊다**는 사실을 확인했어요. 제가 생각하기에 많은 여성이 운동을 만든 이유 중 하나가 이거예요. 가장 하잘것없고 귀찮고 빛나지 않는 일을 하던 사람은 언제나 여자예요. 발언을 하고 기사를 쓰고 가장 흥미로운 일을 하고 큰 책임을 도맡는 사람은 항상 남자들이었어요.

따라서 원칙적으로 모든 사람, 특히 젊은이들과 여성들을 해방시키기 위해 만들어진 이 운동들 안에서조차 여성은 열등한 채로 있었죠. 이는 중대한 결과를 초래하기까지 합니다. 모두라고 말하지는 않겠으나 많은 극좌파 남성이 여성해방에 공격적이고 적대적입니다. 그들은 여성들을 경멸하고 그 감정을 내보입니다. 뱅센에서 처음 여성 모임이 열렸을 때 극좌파 남성 몇 명이 "권력은 팔루스phallus, 남근 끝에 있다"라고 외쳐대며 실내에 난입했어요. 저는 그들이 현재 이런 입장을 재검토하기 시작했다고 믿어요. 그러나 그것도 여성들이 자신들과는 독립적으로 전투적 행동을 하기 때문이죠.

슈바르처   새로운 페미니스트들, 그 어느 때보다 급진적이고 투쟁적인 이 젊은 여성들에 대한 당신의 견해는 대체로 어떠한가요?

보부아르   아시겠지만 어쨌든 운동이 가장 앞선 미국에는 온갖 종류의 경향이 다 있어요. 상당히 보수적인 베티 프리단부터 시작해서 이름하여 SCUMSociety for Cutting Up Men, 다시 말해 모든 남자의 거세(무력화)를 위한 운동까지 존재하죠. 그리고 이 두 입장 사이에 수많은 다른 경향이 있고요. 프랑스에도 운동 내에 여러 다른 경향이 있는 것 같아요. **저요, 제 경향은 여성해방을 계급투쟁에 연결하고자 하는 것이에요.** 저는 여성의 전투가 매우 독자적이면서 여성들이 남성들과 함께 싸워야 하는 전투와 연관되어 있다고 생각해요. 그러므로 저는 남성과의 완전한 결별을 전적으로 거부합니다.

슈바르처   그러면 현 단계에서 여성운동 다수가 채택한 그룹 내부의 비혼성 원칙에 대해선 어떻게 생각하시나요?

보부아르   방금 말씀하신 것처럼 **그것은 하나의 단계예요. 현재로서는 좋은 일이라고 생각합니다.** 여러 가지 이유로요. 우선 남자들을 그룹에 받아들인다면 그들은 지휘하고 자리매김하려는, 남성으로서의 반사적 행동을 할 수밖에 없을 거예요. 반면에 많은 여성이 아직도 어느 정도의 열등감과 소심함을 지니고 있어요.

그녀들이 뭐라고 하든 이따금 스스로 그 사실을 알기까지 해요. 남자들 앞에서 감히 자신을 자유로이 표현하지 못하는 여자가 많아요. 하지만 무엇보다 여자들은 인생을 공유하는 남자에게서 자신들이 평가받는다고 느끼지 말아야 한다는 것을 알아야 해요. 여성들은 또한 그 남자에게서도 해방되어야 하니까요…….

슈바르처 ……그리고 자신들의 특수한 억압을 분석해야만 하니까요?

보부아르 맞아요. **현재로서는 남성의 의식구조도 여성의 의식구조도 남녀 혼성 그룹의 토론을 진정으로 엄정하게 만드는 것을 허용하지 않을 겁니다.**

슈바르처 하지만 이런 일시적 남성 배제는 또한 정치적 문제이기도 한 것 아닌가요? 남성이 체제를 대표하고, 더군다나 여성을 개별적으로 억압하는 것이 그들이므로 남성은 첫 번째 단계에서 페미니스트들에게 '주적主敵'으로 간주되지 않습니까?

여성들은 남이 수여하는 평등을 원치 않고
그것을 쟁취하고자 해요.
그 둘은 전혀 같지 않습니다.

보부아르 네. 그건 상당히 복잡한데, 마르크스가 자본가들에 대해서 말했던 것과 마찬가지로 그들 역시 희생자이기 때문이에요. **그**

래도 제가 한동안 생각했던 것처럼 공격해야 할 대상은 오로지 체제뿐이라고 말하는 건 너무 추상적이에요. 남자들 역시 공격해야 해요. 왜냐하면 체제의 공범이 되지 않고서는 아무런 이득을 취하지 않을 테니까요. 비록 직접 그 체제를 만들지 않았다고 해도요. 가부장적 체제를 세운 사람은 우리 시대의 남자들이 아니에요. 하지만 어떤 남자가 그 체제를 비판하는 쪽에 속한다고 하더라도 자신은 이득을 보고 있죠. 그리고 이미 가부장적 체제를 내재화한 상태입니다.

체제를 공격해야 하지만 동시에 남자들에게 적대감 아니면 적어도 경계심과 신중함을 지녀야 하며, 그들이 우리의 활동과 가능성을 침해하지 않도록 해야 해요. 체제와 남자들을 동시에 공격해야 합니다. 어떤 남성이 페미니스트라 하더라도 거리를 두고 온정주의를 경계해야 해요. 여성들은 남이 수여하는 평등을 원치 않고 그것을 쟁취하고자 해요. 그 둘은 전혀 같지 않습니다.

슈바르처   당신 자신의 경험으로 남자들에 대해 이런 경계심과 증오를 품게 되었나요?

보부아르   아니요. 저는 언제나 제 인생의 일부를 이루던 남자들과 사이가 아주 좋았어요. 게다가 제가 아는 MLF의 여러 여성들도 남자들에 대한 반감이 없어요. 그보다는 오히려 신중한 태도, 괴롭힘당하지 않으려는 욕망을 보이죠.

슈바르처   몇몇 여성들이 한 걸음 더 나아가는 것이 정치적으로 좋은 일이라 생각하지 않나요?

보부아르   **아마도 그럴 거예요. 사실 매우 급진적이고 남자를 완전히 거부하는 여성들이 있다는 건 나쁘지 않아요.** 그녀들은 남성들과 타협할 준비가 되어 있는 여성들을 인도하죠. 충분히 그럴 수 있어요.

슈바르처   상당수의 여성운동 안에는 운동에 대단한 추진력을 주는 동성애 흐름이 존재합니다. 사람들이 흔히 믿게 하려고 애쓰는 만큼 다수인 것은 전혀 아니지만요. 남성 배제의 가장 급진적인 형태로서, 여성 동성애가 현 단계의 투쟁에서 정치적 무기가 될 수 있다고 간주하시나요?

보부아르   숙고해본 적이 없어요. 원칙적으로 매우 급진적인 여성들이 있는 것은 좋다고 생각합니다. 동성애자들은 유익한 역할을 할 수 있어요. 하지만 그들의 판단력이 당파성에 의해 흐려진다면 이성애자들을 운동에서 멀어지게 할 위험이 있어요. 저는 클리토리스 섹스에 대한 신비화는 물론, 그녀들이 우리에게 강요하려고 하는 그 모든 성적 도그마가 지겹고 성가시게 느껴져요.

슈바르처   그들의 첫 번째 논거는 현 상황에서는 남자들과의 모든 성관계가 억압적이라는 겁니다. 그러므로 성관계를 거부하죠. 그에 대해서는 어떻게 생각하시나요?

보부아르 　남녀 간의 모든 성관계가 억압적이라는 게 사실인가요? 관계를 거부할 게 아니라 억압적이지 않도록 하는 데 힘을 기울일 순 없을까요? **모든 성교가 강간이라는 주장은 저를 아연실색하게 합니다.** 저는 그렇게 생각하지 않아요. 모든 성교가 강간이라는 말은 남성 신화를 답습하는 거예요. 그 말은 남자의 성기가 칼이고 무기라는 것을 의미하죠. 문제는 억압적이지 않은 새로운 성관계를 만들어내는 겁니다.

저는 철학 교수 자격시험에 합격한 후
여성들 사이에서 특권적 위치에 놓이게 됐죠.
그 결과 남성들에게 받아들여졌어요.

슈바르처 　조금 전 개인적 경험에 관해 이야기했습니다. 당신은 『제2의 성』에 대한 논평에서 여성성의 문제가 개인적으로 당신에게 타격을 주지 않았고, 자신이 '지극히 공평한 입장'에 있음을 느꼈다고 말했어요. 그 말씀은 한 여성이 개인적으로 여성으로서 자신의 조건을 벗어날 수 있다는 의미인가요? 직업적인 관점에서나 타인들과의 관계에서?

보부아르 　자기의 여성 조건을 완전히 벗어난다고요? 아니요! 저는 여자의 몸을 하고 있습니다. 그렇지만 운이 좋았어요. 여자가 겪는 거의 모든 속박, 즉 모성이나 살림의 구속에서 벗어났죠. 제 시대에는 직업적으로 교육을 많이 받은 여성이 적었어요. 저는 철학 교수 자격시험에 합격한 후 여성들 사이에서 특권적 위치에 놓이게 됐죠. 그 결과 남성들에게 받아들여졌어요. 그들은 자기들만큼 성공한 여자 한 명을 친구로 인정할 준비가 되어 있었던 거예요. 상당히 예외적인 일이었기 때문이죠. 지금은 진지하게 공부를 하는 여자들이 많고 남자들은 자기들 자리를 잃을까 봐 두려워하고 있어요. 더 나아가 여자가 결혼하지 않아도 되고 엄마가 되지 않아도 된다는 사실을 받아들인다면 더 많은 여성이 여성적 예속으로 고통받지 않고 자기 인생을 한껏 실현할 수 있습니다.

슈바르처   "내 인생에서 가장 큰 성공, 그것은 사르트르다"라고 말씀했었습니다.

보부아르   네.

슈바르처   하지만 당신은 늘 독립성에 대해 크게 신경 썼고 지배당할까 봐 두려워했어요……. 남녀 사이에 평등한 관계를 세우기가 몹시 어렵긴 하지만 개인적으로 거기에 도달했다고 생각하시나요?

보부아르   네. 아니, 그보다는 문제가 제기되지 않았어요. 사르트르는 억압자라는 부류와 아무 상관이 없었기 때문이죠. 사르트르가 아닌 다른 누군가를 사랑했다 하더라도 아무튼 저를 억압하게 내버려두지 않았을 거예요. 남성 지배에서 벗어나는 여자들이 있어요. 직업상의 자율성을 갖는다는 조건하에요. 어떤 여자들은 한 남자와 균형 잡힌 관계에 도달하죠. 또 어떤 여자들은 대수롭지 않은 모험을 하고요.

슈바르처 여성을 열등한 계급처럼 이야기하셨는데요…….

보부아르 계급에 대해서 말한 게 아닙니다. 하지만『제2의 성』에서 여자들을 열등한 카스트라고 이야기했어요. 사람들이 카스트라고 부르는 것은 그 안에서 태어나 빠져나올 수 없는 집단을 말합니다. 원칙적으로는 다른 계급으로 가기 위해 자신이 속한 계급에서 빠져나올 수 있어요. 만약 당신이 여자라면 절대 남자가 되지 못할 거예요. 정말로 한 카스트에 속하는 것이죠. 게다가 여자들이 경제적·사회적·정치적 차원에서 취급되는 방식이 그녀들을 열등한 카스트로 만듭니다.

슈바르처 어떤 운동들은 더 멀리 나아갔습니다. 그 운동들은 무보수에다 교환가치가 없는 가사 노동에서 출발해 여자들을 기존 계급들 외부에 있는 별도의 계급으로 규정하고 있어요. 다시 말해서 그들은 가부장적 억압을 부차적 모순이 아닌 주된 모순으로 설정합니다. 이런 분석에 동의하시나요?

보부아르 그 점에 관한 분석들이 불충분하다고 생각해요. 그에 대해 누군가가 아주 진지하게 연구해주면 좋겠습니다. 예를 들어 줄

리엣 미첼은 『여성의 지위』에서 문제가 어떻게 제기되는지를 보여주었어요. 하지만 그녀는 아직 이 작은 책에서 문제 해결을 주장하고 있지는 않아요. 그 점은 제가 여성해방운동 투쟁가들을 만났을 때 했던 첫 질문들 가운데 하나라는 것을 기억하고 있어요. 저는 이렇게 질문했어요. **당신들 의견에 따르면 가부장적 억압과 자본주의적 억압이 정확히 어떻게 연결되어 있나요? 저는 지금으로서는 그 답을 정확히 알지 못합니다. 다가올 미래에 작업하고 싶은 지점이에요. 그에 대해 관심이 아주 많습니다.**

저는 가부장적 억압을 자본주의적 억압과 등가로 만드는 분석들이 정확하지 않다고 생각해요. 가정주부의 노동은 잉여가치를 생산해내지 않아요. 자본가가 노동자에게서 노동의 잉여가치를 훔쳐가는 노동자의 조건과는 다른 조건이죠. 저는 그 둘 사이에 정확히 어떤 관계가 존재하는지 알고 싶습니다. **여성들이 따라야 하는 모든 전략이 거기에 달려 있어요.**

무보수 가사 노동에 역점을 두는 것은 매우 정확한 분석입니다. 하지만 생활비를 버는 많은 여성들을 가정주부와 똑같이 착취당하는 것처럼 간주할 수는 없어요.

슈바르처   그러나 집 밖에서 동일한 일을 할 때조차 여성은 남성보다 적은 임금을 받고 있습니다.

보부아르   네, 맞아요. 일반적으로 임금은 동일하지 않죠. 하지만 재론하겠습니다. 주부로서의 여성 착취 유형은 노동자의 착취 유형과 같지 않아요. 바로 그 점이 제가 읽은 어떤 책에서도 아직 충분히 연구되지 않았어요. 케이트 밀렛이나 저메인 그리어 또는 슐라미스 파이어스톤의 책들에서요.

슈바르처   더욱이 그녀들은 분석의 관점에서 전혀 새로운 것을 가져다 주지 못했죠…….

여자들은 아이들에게서 해방될 때
비로소 해방될 것이고, 동시에 아이들도
어느 정도는 어른들에게서 해방될 테니까요.

보부아르   네. 밀렛도 그리어도 그렇습니다. 덜 알려진 파이어스톤만 유일하게 『성의 변증법』에서 새로운 무언가를 가져다주었어요. 그녀는 여성의 해방을 아이들의 해방에 연결 지었습니다. 옳은 생각이에요. 여자들은 아이들에게서 해방될 때 비로소 해방될 것이고, 동시에 아이들도 어느 정도는 어른들에게서 해방될 테니까요.

슈바르처   당신은 1968년 5월 이후에 계급투쟁에 구체적으로 참여했죠. 한 혁명적인 신문의 책임을 맡았고, 거리로 나왔습니다. 요컨대 투쟁에 동참했어요. 계급투쟁과 성별 투쟁 간의 관계를 어떻게 보시나요?

보부아르   **제가 확인할 수 있는 모든 것 그리고 『제2의 성』의 제 입장을 수정하도록 한 모든 것은 엄밀한 의미에서 계급투쟁이 여성들을 해방**

하지 않았다는 점이에요. 공산주의자든 트로츠키주의자든 혹은 마오주의자든 여성은 항상 남자에게 종속되어 있습니다. 따라서 저는 여성들이 진정으로 페미니스트가 되어야만 하고 여성문제를 걸머져야 한다는 것을 확신했어요. 이제 노동자 착취와 여성 착취 사이의 관계를 이해하기 위해 대단히 사려 깊게 사회를 분석해야만 할 거예요. 그리고 자본주의 철폐가 여성해방에 얼마나 더 이로운 조건들을 초래할 것인지도요. 저는 아직 모릅니다. 이제부터예요. **제가 확신하는 한 가지는 자본주의를 철폐하면 동시에 여성해방을 위해 더 나은 상황이 정립된다는 거예요. 하지만 그게 여성해방을 쟁취하는 건 아닙니다.**

자본주의 철폐가 가부장적 전통을 철폐하는 건 아니에요, 사람들이 가족제도를 지키는 한에서는요. 저는 자본주의를 철폐하고 생산수단을 바꾸는 것뿐만 아니라 가족구조도 바꿔야 한다고 생각해요. 그런데 그건 중국에서조차 실현되지 않았어요. 물론 중국인들은 봉건적 가족을 없애고 동시에 여성의 지위에 커다란 변화를 가져오긴 했어요. 하지만 그들이 사실상 가부장적 가족의 유산인 부부 (중심) 가족을 여전히 받아들이는 한, **중국에서 여성들이 해방되었다는 말을 저는 전혀 믿지 않아요. 가족을 철폐해야 한다고 생각해요.** 공동체를 통해서든 계속 창조해나가야 할 다른 형태를 통해서든 가족을 대체하기 위해 여성들이, 또한 때때로 남성들이 행해온 모든 시도에 저는 전적으로 동의합니다.

슈바르처   따라서 계급투쟁이 반드시 여성 조건을 해결하는 것은 아니

베이징 톈안먼광장에서 열린
중국 공산당 창건 6주년 기념식에서(1955)

지만 급진적 페미니즘과, 사회와 성별 관계에 대한 이의 제기가 필연적으로 계급투쟁을 해결한다고 말할 수 있을까요?

보부아르   아니요, 반드시 그렇다고 할 수는 없어요. 만일 가족과 가족 구조를 없애는 것으로 시작한다면 그로 인해서 자본주의가 흔들릴 공산이 큽니다. 하지만 그 문제 또한 제가 깊이 숙고해보지 않고서 말하는 위험을 무릅쓰지는 않겠어요. 여성으로부터 시작된 가부장적 사회의 파괴가 어느 정도로 자본주의와 관료주의의 측면을 폐지하는 데 이르게 될지, 저는 알 수 없습니다.

만일 페미니즘이 대단히 급진적인 요구 사항들을 갖고 있고, 그 요구들을 지배적인 것으로 만드는 데 도달한다면 그때는 정말 체제를 위협하게 될 거예요. 그래봤자 그게 생산관계, 노동관계, 인간의 상호 관계를 재조직하기는 부족할 겁니다. 거기에 대해서는 충분한 분석이 없어요. 이는 페미니즘 안에서 활동적이었던 여성들이 정치적 차원에서 투쟁했던 부르주아지들이었던 사실과 연관됩니다.

그들은 투표권을 쟁취하려 애썼던 서프러제트 여성들이었어요. 경제적 관점에 서 있지 않았죠. 반면에 경제적 관점에 서 있던 사람들은 마르크스주의의 관례적 문구에 지나치게 만족했어요. 즉, 사회주의가 도래하면 남자와 여자가 저절로 평등해지리라는 것이었죠. 『제2의 성』을 썼을 당시 이 책이 좌파들에게 잘못 받아들여지는 걸 보고 굉장히 놀랐습니다. 트로츠키주의자들과 토론을 한 적이 있어요. 그들은 저에게 "여성

문제는 가짜 문제다. 문제란 없다. 혁명이 일어나면 여성들은 자연스럽게 자기 자리를 찾게 될 것이다"라고 말했습니다. 당시 정치적으로 저와 사이가 아주 안 좋았던 공산주의자들도 있었는데 그들이 저를 많이 비웃었어요. 그들은 여러 기사에 비양쿠르파리 교외의 도시. 항공, 자동차, 영화를 아우르는 프랑스 3대 산업 발상지로 관련 업계의 공장과 회사들이 자리 잡고 있음의 여성 노동자들이 여성문제에는 무관심하다고 썼습니다. 혁명이 이루어지면 여성과 남성이 동등해질 거라는 거죠. 그들은 혁명이 이루어지기 전까지 여성들에게 일어나는 일에 관심이 없었어요.

저 역시 자본주의국가보다 사회주의국가에서 상황이 훨씬 나아지기를 희망하고 있었어요. 실상은 전혀 그렇지 않아요. 요컨대 제가 조금 전에 지적한 뉘앙스와 마찬가지로요.

슈바르처   『제2의 성』 출간 후에 사람들은 종종 당신이 여성들을 위한 투쟁 전략을 전개하지 않고 분석에 머물렀다고 비난했어요.

보부아르   맞아요! 책에 그 점이 불충분하다는 것을 인정합니다. 제가 미래와 혁명 그리고 사회주의에 막연하게 신뢰를 보내면서 분석을 멈추었어요.

슈바르처   그럼 지금은요?

보부아르   오늘날 저는 달라졌어요. 초반부터 당신에게 말했죠, **저는 진정으로 페미니스트가 되었다고.**

결혼 유무에 따라서 사회와 맺는 관계는 완전히 달라져요.
저는 결혼이 여자에게 위험하다고 생각해요.

슈바르처　구체적으로, 개별적이고 집단적인 차원에서 여성들에게 어떤
　　　　　해방의 가능성이 있다고 보십니까?

보부아르　개인적 차원에서 **첫 번째는 일하는 거예요. 가능하다면 결혼을 거
　　　　　부하는 것이고요.** 결국 저 역시 사르트르와 결혼할 수도 있었
　　　　　어요. 하지만 우리가 결혼하지 않았던 게 현명했다고 생각해
　　　　　요. 그 이유는 결혼하면 사람들이 기혼자로 여기는 동시에 스
　　　　　스로 기혼자로 여기도록 이끌기 때문이에요. 결혼 유무에 따
　　　　　라서 사회와 맺는 관계는 완전히 달라져요. **저는 결혼이 여자에
　　　　　게 위험하다고 생각해요.**
　　　　　그렇긴 해도 여성이 결혼하는 이유에는 여러 가지가 있어요.
　　　　　가령 아이를 원한다든지요. 결혼하지 않은 부모가 아이를 낳
　　　　　는 건 여전히 매우 불확실한 일이에요. 온갖 어려움을 맞닥뜨
　　　　　리게 되니까요. **진정으로 독립적이고자 한다면 직업을 갖고 일하
　　　　　는 것이 중요합니다.** 저에게 질문하는 모든 여성에게 하는 조
　　　　　언이에요. 이는 필수적인 조건입니다. 그래야 나중에 이혼하
　　　　　고 싶을 때 보다 쉽게 남편을 떠날 수 있고 아이들이 살게 하
　　　　　는 것은 물론, 자신의 삶도 책임질 수 있습니다. 그렇다고 일
　　　　　과 직업이 만병통치약인 것은 아니죠.
　　　　　오늘날과 같은 형태의 노동은 해방적인 측면이 있지만, 소외
　　　　　시키는 측면 또한 있다는 것을 잘 알고 있어요. 그리고 그 결

과 여성들이 흔히 두 가지 소외, 즉 주부 소외 혹은 공장에서의 노동 소외 가운데 하나를 선택해야만 한다는 것도 알고 있어요. 노동이 만병통치약은 아니지만 어쨌든 자립의 첫 번째 조건이에요.

슈바르처 　그러면 이미 결혼한 여성들, 이미 아이가 있는 여성들은요?

보부아르 　제 생각에 더 이상 기회가 없는 여성들이 있어요. 이미 서른다섯이 되었고 결혼을 해서 아이가 넷인 데다 어떤 직업적 능력도 없다면 해방되기 위해 무엇을 할 수 있을지 잘 모르겠어요. **우리는 자라나는 세대들을 위해서만 진정 성공의 가능성을 갖고 해방에 관해 이야기할 수 있어요.**＊

슈바르처 　자신의 해방을 위해 싸우는 여성들이 개인적 차원에 국한되어야 하나요, 아니면 집단적 행동으로 옮겨 가야 하나요?

보부아르 　집단적 행동으로 옮겨 가야 해요. 저는 지금까지 저와 일치된다고 느낀 조직적인 운동이 없었기 때문에 그렇게 하지 않았어요. 그래도 어쨌든 『제2의 성』을 쓴다는 건 저 자신의 해방을 넘어서는 행위였죠. 저는 여성 조건 전체에 대한 이익을 위해서 이 책을 썼습니다. 단순히 여성의 상황이 어떤지 이해하기 위해서뿐만이 아니라 또한 싸우기 위해서, 다른 여성들

＊　이런 생각에 대한 견해의 변화는 84쪽을 참조할 것.

이 자신을 이해하도록 돕기 위해서요.

게다가 지난 20년 동안 제 책이 자신들의 상황을 이해하고, 투쟁하고, 결정을 내리는 데 큰 도움을 주었다고 말하는 여성들에게 엄청나게 많은 편지를 받았어요. 저는 항상 그 여성들에게 답변하는 데 신경을 써왔습니다. 그리고 그녀들 가운데 몇 명을 만났어요. 저는 언제나 어려움을 겪는 여성들을 도와주려고 애썼습니다.

저는 성평등은 체제의 전면적 전복이 있을 때만
쟁취될 수 있으리라 생각해요.

슈바르처　여성해방의 진화를 대체로 어떻게 보시나요?

보부아르　여성해방은 발전해야만 합니다. 하지만 모르겠어요. 다른 곳과 마찬가지로 프랑스 여성 대부분도 매우 보수적입니다. 그녀들은 '여성적'이고 싶어 해요. 여하튼 가사 노동의 새로운 조건이 여성을 조금 해방시켰고, 여성이 성찰하는 데 더 많은 시간을 주고 있어요. 여성들은 들고일어나야만 할 거예요. 직업적인 관점에서 보면, **자본주의국가에서는 남성 실업이 있는 한 절대로 여성들에게 일자리를 주지 않을 거예요.** 그래서 저는 성평등은 체제의 전면적 전복이 있을 때만 쟁취될 수 있으리라 생각해요.

하지만 여성운동은 초기에 제한적이었다가 프랑스 전역으로 확산돼 노동자 파업을 일으켰던 학생운동과 마찬가지로 많은 것을 타파할

겁니다. 만일 여성운동이 노동계에 침투하는 데 이른다면 그때는 정말로 체제를 뒤흔들 거예요. 제가 생각하기에 현재 프랑스 내 여성운동과 미국 내 여성운동의 취약점은 극소수의 여성 노동자만 규합하고 있다는 점이에요.

슈바르처   그것은 투쟁 단계의 문제 아닌가요?

보부아르   물론입니다. 모든 게 연결되어 있어요. 여성들이 트루아와 낭트의 공장에서 파업할 때를 보면 그들은 자신들의 역량과 자율성을 의식하고, 집에서 쉽사리 자기를 무시하게 두지 않아요.

슈바르처   그러므로 이런 연대 의식을 발전시켜야 한다는 말인가요?

보부아르   네, 절대적으로요. 개별적인 해방으로는 부족해요. 계급투쟁과 연결된 집단 작업이 필요합니다. 여성해방을 위해 투쟁하는 여성들은 좌파가 되지 않고서는 진정으로 페미니스트가 될 수 없어요. 왜냐하면 사회주의가 성평등을 보장하기에 충분하지는 않더라도 필수적이기 때문이죠.

슈바르처   게다가 페미니스트 운동은 역사상 처음으로 혁명적인 운동입니다. 이 운동은 사회를 바꾸지 않고서는 더 이상 여성의 운명을 변화시킬 수 없다고 믿어요.

보부아르   맞아요. 이탈리아에서 읽은 슬로건 하나가 아주 정확하다고 생각해요. "**여성해방 없이 혁명 없고, 혁명 없이 여성해방 없다.**"

슈바르처   『제2의 성』에서 여성이 해방될 내일의 세계에 대한 비전을 제시하는 랭보의 문구 하나를 인용하셨죠. 이 새로운 세계에 대해서는 어떤 생각을 갖고 있나요?

보부아르   랭보는 여자들이 해방될 때 세상에 완전히 다른 무언가를 가져오리라고 상상했어요. 그거요, 저는 그걸 믿지 않아요. 여자들이 평등을 쟁취할 때 특유의 여성적 가치들이 전개될 거라고 믿지 않습니다. 그에 관해 이탈리아 페미니스트들과 논의했어요. 그들은 이렇게 말합니다. "우리는 남성적 가치, 남성적 모델을 거부해야 하고 완전히 다른 것들을 창조해야 합니다." 저는 동의하지 않아요.

사실 지금까지 문화, 문명, 보편적 가치들은 모두 남자들의 일이었어요. 그들이 보편성을 대표했기 때문이죠. 프롤레타리아들이 부르주아지가 지배계급인 사실을 거부하면서 모든 부르주아 유산을 내버리지 않듯이, 여자들도 남자들이 만들어낸 도구를 전부 거부할 게 아니라 그들과 대등하게 그것을 탈취해야 합니다. 거기에 여전히 불신과 경각심의 문제가 있다고 생각해요.

그런 보편적인 가치를 만들면서(가령 저는 수학을 보편적 가치라고 불러요) 남자들은 흔히 그 가치에 말 그대로 남성적이고 수컷다운 성격을 부여했고, 가치와 성격을 감지하기 어렵도록 은밀하게 뒤섞어버린 것이 사실이에요. 둘을 분리하고 그런 오염을 적발해내는 것이 관건입니다. 그 일은 여성들이 할 수 있고 해야 하는 작업 가운데 하나예요. 그렇다고 남성 세계를 내던져버릴 필요는 없어요. 결국 그 역시 우리의 세계이기 때문이죠.

저는 해방된 여성이 남성과 똑같이 창조적일 거라고 생각합니다. 하지만 그녀가 새로운 가치들을 가져다주지는 않을 거예요. 만일 새로운 가치가 따라올 거라고 믿는다면 제가 항상 부정했던 여성의 본성이 존재한다고 믿는 것과 같아요. 이런 모든 개념을 일소해야 합니다. 여성해방이 존재들 사이에 새로운 유형의 관계를 초래하고 그로 인해 남자들도 여자들처럼 변화하는 건 확실합니다. 여자들은 남자들과 마찬가지로 완전한 권리를 지닌 인간존재여야 합니다. 그들 간에 존재하는 차이는 여자들 사이에 혹은 남자들 사이에 존재할 수 있는 개별적 차이보다 중요하지 않습니다.

슈바르처　여성들의 투쟁에서 폭력에 찬성하시나요?

보부아르　오늘날과 같은 상황에선 네, 어느 정도까지는 찬성합니다. 남성들은 그들이 쓰는 언어에서와 마찬가지로 행위에서도 여성들에게 폭력을 사용하니까요. 그들은 여성들을 공격합니다. 여성들을 강간하고 모욕하죠. 어떤 시선들은 폭행이고요. **여성들 역시 폭력으로 자신을 방어해야 해요. 어떤 여성들은 가라테나 다른 격투기를 배웁니다. 전적으로 동의해요.** 그러므로 여성들이 남성들의 공격 앞에서 무력감을 느낀다면 그렇게 함으로써 자기 자신에게 훨씬 더 만족할 거고 그런 세계 속에서도 훨씬 더 편안할 겁니다.

슈바르처   당신은 미국 여성들에 대해 자주 이야기하는데요. 그들과 가
          장 많이 접촉하고 있나요?

보부아르   네. 우선 그녀들이 쓴 책이 있어요. 아주 많아요. 우리가 인용
          한 케이트 밀렛, 미국인은 아니지만 저메인 그리어 그리고 슐
          라미스 파이어스톤의 책이 있습니다. 그들의 책을 읽었어요.
          반면에 프랑스 여성들은 아직 아무것도 출간하지 않았어요.
          미국 여성들의 운동이 더 오래되었다고 말해야 합니다. 또한
          미국 여성들에게 많은 편지를 받았고 미국에 오라는 초대도
          받았어요. 저는 그녀들에게 현재 프랑스 여성들과 작업 중이
          라고 답변합니다. 제가 우선 일해야 할 곳은 내 나라예요.

우리는 낙태가 자유롭기를,
여성이 홀로 그것을 결정할 수 있기를 요구합니다.

슈바르처   당신 자신을 전투적 페미니스트로 간주하고 구체적인 투쟁에
          참여하는 지금 당장에는 어떤 행동을 고려하고 있나요?

보부아르   일단 一團의 여성들과 계획 중인 프로젝트가 하나 있어요. 여
          성에게 자행된 범죄 고발의 날을 대대적으로 개최하려는 계

획입니다. 첫 세션은 두 개인데, 모성과 피임 그리고 낙태 문제를 주제로 할 거예요. 파리 공제조합Mutualité 대강당에서 5월 13일과 14일에 열릴 겁니다.● 10여 명의 여성들로 구성된 일종의 조사위원회가 꾸려지고, 그들이 증언자인 생물학자, 사회학자, 정신과 의사, 일반 의사, 조산원에게 질문할 거예요. 특히 현재 여성에게 주어진 조건 때문에 고통받는 여성들에게 질문하게 됩니다.

우리는 여성이 자유롭게 아이를 낳을 권리를 보장해야 한다는 것, 특히 탁아소를 통해서 모성 부담을 견딜 수 있게 도와야 한다는 것 그리고 피임과 낙태 때문에 원치 않는 모성을 거부할 수 있도록 보장해야 한다는 것을 청중에게 설득하기를 희망하고 있어요. 우리는 낙태가 자유롭기를, 여성이 홀로 그것을 결정할 수 있기를 요구합니다.

슈바르처 종종 여성 투쟁과 낙태 문제를 연결 짓고 있어요. 당신은 이 단계를 넘어서서 활동할 셈인가요?

보부아르 물론입니다. 여성해방운동 그리고 저와 다른 여성들은 더 다양한 문제에 힘을 쏟아야 한다고 생각해요. 우리는 자유로운 낙태를 위해서뿐만 아니라 낙태가 미미한 역할만 하도록 피임법의 대대적인 보급을 위해 싸우고 있어요. 다른 한편 피임과 낙태는 여성해방을 위한 하나의 출발점에 불과합니다. 나

● 여성에게 자행된 범죄 고발 최초의 날 조직위원회 주최.

중에 우리는 여성 노동의 착취, 즉 주부의 노동, 여성 직원과 여성 노동자의 노동 착취를 고발하는 날도 개최할 겁니다.

우리는 모든 비판으로부터 보호받지 못한다

우리는 완전히 함께 살지 않으면서도
때로는 한 지붕 아래 사는
매우 유연한 생활 방식을 영위하고 있었어요.

슈바르처   시몬, 당신은 "가장 중요한 작품은 내 삶이다" 그리고 "내 삶의 중대한 사건은 사르트르와의 만남이다"라고 썼어요. 이제 두 분이 커플을 이룬 지 40년이 되었습니다. 동시에 두 분은 소유욕, 질투, 충절, 일부일처제를 피하려고 노력했어요. 그런 삶의 방식은 수많은 이들에게 비판의 대상이 되었으나, 많은 사람이 모방하려 시도하기도 했습니다. 의식적으로든 아니든 많은 커플에게 일종의 이상이자 모델이 되었어요. 무엇보다 보부아르의 이론과 실천, 삶을 지표로 삼은 여성들에게요. 이런 관점에서 저는 두 분에게 사르트르-시몬 드 보부아르 커플의 관계에 관해 몇 가지 물어보고 싶습니다.

---

*   이 인터뷰는 1973년 로마에서 진행되었다.

그럼 먼저, 두 분이 한 번도 집을 공유하지 않은 사실이 결혼하지 않은 것보다 더 중요하다고 생각하시나요?

보부아르 단연코 그렇습니다! 자유 결합이라고 부르는 것이 결국 결혼 환경을 되풀이한다면, 다시 말해 모든 식사를 함께하는 동일한 가정생활을 한다면 여자는 어쨌든 전통적인 여성 역할을 하게 되고 결혼과의 차이는 미미해지죠. 그에 반해 우리는 완전히 함께 살지 않으면서도 때로는 한 지붕 아래 사는 매우 유연한 생활 방식을 영위하고 있었어요. 가령 우리가 아주 젊었을 때는 호텔에서 살았고, 식사는 음식점에서 둘이 때로는 친구들과 했습니다. 또한 휴가는 함께 보냈지만 부분적으로만 같이 보냈어요. 예를 들어 저는 걷는 것을 아주 좋아하고 사르트르는 좋아하지 않아요. 저 혼자 긴 도보 여행을 하러 떠나면 그는 친구들 집에 가 있곤 했어요. 우리가 일상에서 유지한 이런 종류의 자유는 중요했습니다. 이는 우리 사이에 타성이 개입해 일상생활을 불모의 상태로 만드는 것을 막아주었어요. 사실 저는 정식으로 결혼하지 않은 것보다 그 점이 더 중요했다고 생각합니다.

슈바르처 두 분은 함께 살지 않기로 했어요. 그런 결정은 어쩌면 물질적인 면에서 특권을 누리는 사람일 때 더 쉽지 않을까요?

사르트르 네, 그렇게 생각합니다.

보부아르	아주 부유하진 않았지만 우리는 각자 교사 봉급을 받았고 따라서 작은 호텔방 하나를 마련할 수 있었어요. 넉넉지 않다면 확실히 그런 비용을 대기 어렵습니다. 함께 살지 않겠다는 생각은 우리 두 사람 중 누구도 집 관리에 신경 쓰고 싶지 않았기 때문에 하게 됐어요. 우리는 호텔에서 살았어요. 아파트를 소유한 제 모습을 결코 상상할 수 없었죠. 당시 우리는 동거를 원하지 않았을 뿐만 아니라 이를테면 전혀 머물러 살고 싶지 않았어요.
슈바르처	하지만 어떤 시기에는 같은 호텔에 살지 않았나요?
사르트르	오, 네!
보부아르	오, 그래요! 매우 자주요. 거의 항상이요. 이따금 다른 층에서, 때로는 같은 층에서요. 그럼에도 그 방식은 여전히 커다란 독립성을 나타냈어요.
슈바르처	당신의 회고록을 읽어보면 두 분이 일부일처제를 정말로 문제 삼고자 했는지 의아해져요. 오히려 두 분이 서로 제삼의 인물을 부차적 역할로 축소하면서 서로의 관계에 절대적 우선권을 부여한 것 아닌가요?
보부아르	네, 맞아요.

사르트르   네, 그 말에는 진실이 담겨 있어요. 그 부분 때문에 저는 다른 여자들과 충돌했습니다. 그들은 가장 중심이 되는 역할을 맡고 싶어 했거든요.

보부아르   다시 말해서 제 삶에서든 사르트르의 삶에서든 제삼자들은 처음부터 이 관계를 알고 있었어요. 우리가 그들과 맺었던 관계에 억압적인 관계를요. 그들에게는 종종 그리 유쾌한 일이 아니었을 겁니다. 실제로 자신들이 간혹 피해를 보기도 했죠. 그러니 우리의 관계 역시 모든 비판에 초연하지 않아요. 왜냐하면 이 관계로 인해 우리가 사람들에게 별로 올바르지 않게 처신하게 됐기 때문이죠.

슈바르처   다른 사람들을 희생해서인가요?

보부아르   네, 맞습니다.

저는 딱히 우리의 복제품을 원하지 않았어요.
그는 나에게 충분했어요.
저 자신으로 충분했답니다.

슈바르처   아이를 갖지 않기로 한 결정은요? 만약 그런 결정이 있었다면요. 아니면 두 분에게는 당연한 일이었나요?

보부아르   제게는 당연한 일이었어요. 아이를 키운다는 생각이 선험적으로 혐오감을 일으켜서가 아니에요. 어린 나이에 사촌 자크와 부르주아 결혼을 하려고 생각했을 때는 아이를 전제로 했어요. 하지만 사르트르와의 관계는 제도적, 가정적 토대보다는 지적인 토대 위에 있었기 때문에 아이를 갖고 싶다는 욕망을 한 번도 느낀 적이 없어요. 저는 딱히 우리의 복제품을 원하지 않았어요. 그는 나에게 충분했어요. 저 자신으로 충분했답니다. 모르겠어요……. 사르트르, 당신은 어땠나요?

사르트르　젊었을 때 아이를 갖겠다는 생각은 없었어요.

슈바르처　하지만 딸 한 명을 입양했잖아요?

사르트르　그건 아주 다른 문제입니다, 자유의사에 따른 관계예요. 딸을 입양한다는 관점과는 다릅니다……. 그보다는 그녀에게 도움을 주고 저도 도움을 받기 위해 입양했어요.

보부아르　일종의 부성父性에 기반한 관계를 맺는다는 것은 오히려 그녀를 기쁘게 했어요. 그녀는 가족과 그리 행복하지 못했거든요. 친아버지가 아닌 또 다른 아버지를 원했죠. 그러니 사르트르는 선택된 사람, 어른이 되어 선택된 사람이죠……. 입양했을 때 그녀가 몇 살이었죠?

사르트르　스물여섯, 스물여덟 정도요.

슈바르처	그럼 당신에게 입양은 부성을 대신하는 방식 아닌가요?
사르트르	아닙니다. 그보다는 오히려, 글쎄요. 사회적 부성이라 할 수 있을 겁니다. 다시 말해서 입양이 그녀의 삶을 더 수월하게 해줄 수 있는 몇몇 권리를 저에게 부여했습니다. 가족의 차원이 아니었어요.
보부아르	거기에는 또한 실용적 차원의 문제가 있었어요. 사르트르는 자신의 합법적 상속자가 될 수 있는 누군가를 열렬히 원하고 있었죠. 돈 때문이 아니라(그건 중요치 않아요) 작품의 저작권 때문에요. 왜냐하면 자신의 지적 생산물의 상속권이 이렇다 할 친분도 없는 먼 일가친척의 수중에 들어간다는 건 언제나 매우 성가신 일이니까요. 그래서 자신보다 훨씬 더 젊고 오래 살 가능성이 큰 누군가를 선택해서 일종의 대비책을 마련한 것이죠.
슈바르처	아이를 낳지 않는다는 두 분의 결정으로 다시 돌아오겠습니다. 사람들은 자주 여성이 나중에 그런 결정을 후회한다고 말하곤 해요. 너무 늦었다고 말이죠. 당신에게도 그런 일이 있었나요, 시몬?
보부아르	아니, 절대로요! 저는 아이가 없어서 후회한 적이 결코 없어요. 운이 좋았기 때문이에요. 사르트르와의 관계에서뿐만 아니라 친구들과의 우정에 있어서도요. 그런데 제가 아는 여성

들이 아이, 특히 딸과 맺는 관계를 보면 많은 경우 끔찍하게 느껴져요. 오히려 저는 그 현실을 모면하게 돼서 정말 행복합니다.

슈바르처   두 분 커플의 규칙에는 어떤 것들이 있나요? 예를 들면, 두 분은 서로에게 언제나 진실을 말하나요?

사르트르   저는 항상 진실을 말했던 것 같습니다. 본능적으로 그렇게 했어요. 자문할 필요가 없었어요. 우리가 서로에게 반드시 즉각적으로 이야기하는 건 아닙니다. 한 주 후, 두 주 후가 될 수도 있어요. 하지만 결국 서로에게 언제나 모든 것을 말합니다. 적어도 저는 그렇습니다! 보부아르는…….

보부아르   저 역시! 저 역시 그래요! 하지만 제 생각에 우리 사례를 보편적인 기준으로 삼을 수는 없습니다. 우리에겐 이런 투명성이 적합했어요. 그리고 우리는 지식인이어서, 사르트르가 말한 것처럼 오늘 말해야 하는지 아니면 일주일 후에 말해야 하는지 아주 정확하게 조정할 줄 압니다. 그렇다고 해서 모든 커플에게 대뜸 언제나 진실만을 말하라고 조언할 수는 없어요. 이따금 진실을 공격 무기로 변형시키는 방식까지 있죠. 남자들이 종종 그렇게 행동합니다. 그들은 자기 아내를 속일 뿐만 아니라 더 많이 말하는 것을 좋아해요. 상대와 투명한 관계를 맺기 위해서라기보다는 개인적인 만족감에서 그러는 경우가 훨씬 많아요. 따라서 저는 우리의 규칙 자체를 하나의 가치로 만들지 않겠어요. 모든 것을 서로에게 말할 수 있다는 것은 행운이지만, 그 자체로 가치가 있는 것은 아닙니다.

슈바르처　많은 사람에게 보부아르는 사르트르의 동반자입니다. 사르트르는 시몬 드 보부아르의 동반자였던 적이 한 번도 없어요. 이런 차별이 두 분의 관계에 영향을 미쳤나요? 그 점이 당신을 화나게 하고 거북하게 하고 괴롭게 하지 않았나요?

보부아르　저와 사르트르의 관계는 전혀 영향을 받지 않았어요. 결국 그의 잘못이 아니었으니까요. 또한 제 글들이 저를 어느 정도 개인적으로 인정받게 해주고, 여성들이나 독자들과도 대단히 개인적인 관계를 맺도록 해주어서 그렇게 불편하지 않았어요. 제가 사르트르를 만나지 않았다면 결코 아무것도 쓰지 못했을 거라거나 저의 문학적 이력을 사르트르가 만들어주었다는 식의 비평을 읽는 건 당연히 이따금 저를 짜증 나게 했죠. 때로 어떤 사람들은 사르트르가 제 책을 써줬다고까지 주장했어요.

슈바르처　장 폴 사르트르, 이런 중상모략에 어떻게 반응했나요?

사르트르　저는 그런 말들이 무엇보다도 우스꽝스럽다고 생각합니다. 한 번도 항의한 적은 없는데, 단지 소문에 불과하고 심각하게 받아들일 가치가 없는 기사들이었기 때문이에요. 개인적으로는 신경 쓰지 않았어요. 제가 남성성에 젖어 있는 남자여서가

발자크 기념관 앞에서 사르트르와 보부아르(1939)

아니라 그저 험담이었기 때문에 아무 의미가 없던 겁니다. 중상모략 같은 건 우리 커플에게 전혀 위험이나 불안의 원천이 되지 못했어요.

슈바르처　진부하지만, 저에게는 어쨌든 중요해 보이는 질문을 하나 하고 싶어요. 두 분의 실재적 삶에 관한 것입니다. 커플 안에서 흔히 돈, 물질적인 문제는 매우 중요한 역할을 해요. 두 분 사이에는 돈이 중요했나요?

사르트르　우리 사이에는 그렇지 않았어요. 때때로 우리 각자에게, 두 사람 모두에게 중요하긴 했어요. 살아야만 하니까요. 하지만 그런 건 우리 관계에 아무 문제를 일으키지 않았고 영향조차 끼치지 않았습니다. 만약 한 사람이 돈이 없을 때는 돈을 가지고 있는 사람이 나눠줬어요. 때로는 돈을 나눠 썼고 때로는 헤어져 살기도 했고, 그때그때 달랐습니다.

저는 제 돈으로 하고 싶은 것을 하고
그는 자기 돈으로 하고 싶은 것을 해요.
하지만 어떤 의미에서는 같은 돈입니다.

보부아르　젊었을 때 사르트르가 할머니에게서 적은 유산, 아주 적은 유산을 받았어요. 저는 사르트르가 우리 둘의 여행비를 충당하기 위해 거기서 돈을 꺼내 쓰는 데 아무 거리낌이 없었죠. 우리는 그렇게 엄격한 규칙을 만들었던 적이 없어요. 전쟁이 끝난 뒤 어떤 시기에 제가 사르트르에게 2~3년간 얹혀산 적이 있습니다. 글을 쓰고 싶었거든요. 제 생각에 아마도 『제2의 성』이었던 것 같아요. 이미 교직을 떠나 있었는데, 직업이 있었다면 글을 못 썼을 거예요. 그 당시 사르트르는 돈이 많았고, 그 사실이 저를 거북하게 하지 않았죠. 몇 년 전에 그에게 어려운 시기가 찾아왔을 때는 제가 그를 도와주었습니다. 그러므로 문제가 없어요. 우리한테 별도의 경비가 있다 해도 한 사람의 돈은 정말로 다른 사람의 돈과 같아요. 저는 제 돈으로 하고 싶은 것을 하고 그는 자기 돈으로 하고 싶은 것을 해요. 하지만 어떤 의미에서는 같은 돈입니다.

슈바르처   제가 제대로 이해했다면 사르트르에게 재정적으로 의존하던 때에 『제2의 성』을 쓴 건가요?

보부아르   『제2의 성』인지는 확실하지 않아요. 당시에는 일이 그렇게 되어갔습니다. 저는 전쟁 뒤에 교직을 떠났어요. 복직될 수 있었을 뿐 아니라 원칙대로 복직되었죠. 하지만 써야 할 책들이 있었고 돈이 많은 사르트르가 저에게 순순히 돈을 빌려줄 텐데 다시 수업하러 돌아가고 싶은 마음이 들지 않았어요. 언제나 그랬던 것처럼 돈을 나눠 썼는데 단지 그때는 그가 부유했고 저는 그렇지 않았을 뿐입니다. 제가 만약 원했다면, 또 그와 사이가 나빴다면, 아무튼 뭐가 되었든 간에 언제든 교사직을 되찾을 수 있었기 때문에 그런 점이 전혀 불편하지 않았죠. 저는 그것을 한 친구의 도움처럼, 제가 한 남자 친구나 여자 친구에게 줄 도움처럼, 심지어 사르트르가 그와 유대 관계가 적은 사람들에게 준 도움처럼 여겼어요.

슈바르처   사람들은 두 분처럼 긴밀한 관계일 때 상호 영향을 미칩니다. 장 폴 사르트르, 아니면 시몬, 두 분은 어떤 점에서 서로에게 영향을 끼쳤나요?

사르트르   저는 우리가 서로에게 전적으로 영향을 끼쳤다고 하겠습니다.

보부아르   저는 영향이 아니라 일종의 상호 침투라고 말하겠어요.

사르트르   그럴지도 모르지만, 글쎄요. 결국 문학뿐만 아니라 삶이 문제가 될 때도 우리는 각자가 상대에게 영향을 끼치면서 언제나 함께 결정합니다.

보부아르   그게 제가 상호 침투라고 부르는 거예요. 공동으로 결정하고, 사상도 거의 공동으로 발전시켰어요. 사르트르가 저에게 영향을 준 지점들도 있어요. 예를 들어 무엇보다 그는 철학자이고, 저는 그의 철학 사상을 채택했어요. 다른 것들에 관해서는 제가 주도했죠. 이를테면 우리의 삶이나 여행하는 방식과 관련해서는 더욱 저의 의견을 따르도록 강요했습니다. 특히 돈이 없어서 여행이 조금 힘들어질 때 그랬어요. 사르트르는 여행을 아주 좋아했지만 제가 그에게 요구하는 모든 희생, 그러니까 밖에서 자거나 계속 걷는 것 같은 행동을 안 할 수도 있었죠.

슈바르처   장 폴 사르트르, 어떻게 반응했죠? 항의했나요?

사르트르   오, 아닙니다. 저는 해야 할 일을 하곤 했어요.

사르트르는 제가 쓴 모든 글에 대해서 비판했고,
저 또한 그가 쓴 거의 모든 글에 대해서
그만큼 비판했어요.

보부아르   아, 그가 항의하는 아주 특별한 방식이 있었죠. 다시 말해 발
에 물집이 생긴다든가 또는 몹시 피곤해한다든가……. 다른
것도 있어요. 정확히 영향이라고 할 수는 없지만 우리가 쓰는
글을 항상 상대의 평가에 맡기는 습관에 관해서 이야기하고
싶어요. 사르트르는 제가 쓴 모든 글에 대해서 비판했고, 저
또한 그가 쓴 거의 모든 글에 대해서 그만큼 비판했어요. 우
리 의견이 언제나 반드시 일치하는 건 아니에요. 제가 몇 권
의 책을 집필할 때 사르트르가 저에게 "나는 당신이 그걸 못
할 거라고 생각해요, 관둬요……"라고 말하는 일이 있었어요.
하지만 저는 고집을 피웠죠. 그리고 저 역시 아주 젊었을 때
그에게 "제 생각에 당신은 철학보다는 오히려 문학을 해야 할
거예요"라고 말하곤 했어요. 그럼 그가 고집을 부렸어요. 다
행스럽게도요! 이런 융합 안에서 우리는 또한 각자 독립성을
지니고 있습니다.

슈바르처   두 분이 서로 존대하는 것을 들으며 조금 놀랐습니다.^{프랑스어는} ^{2인칭에만 존칭이 있어 tu(너) 대신 vous(당신)를 쓰는 것을 존대라고 함}. 두 분 모두 1968년 5월 혁명 5년 후 많든 적든 사람들이 상대에게 반말하는 풍습이 있는 혁명적 그룹들에 참여했어요. 왜 서로 존대를 하시나요? 그것이 오늘날 두 분에게 어떤 의미가 있죠?

사르트르   제가 시작한 게 아니고 시몬 드 보부아르가 먼저 "당신"이라고 불렀어요. 저는요, 저는 어쩔 수 없이 따랐습니다. 하지만 지금은 완전히 적응했어요. 이제는 보부아르에게 더 이상 반말을 못 할 겁니다.

보부아르   왜 그런지 모르겠는데 저는 항상 사람들에게 반말하는 것이 너무 힘들었어요. 부모님에게는 반말을 썼기 때문에 할 수 있었을 텐데 말이죠……. 가장 친한 친구였던 자자(엘리자베트 라쿠앵)는 모든 여자 친구에게 말을 놓았어요. 저만 제외하고요. 제가 그녀에게 존댓말을 썼기 때문이죠. 오늘날 저는 현재 가장 친한 친구인 실비에게 존댓말을 쓰고, 저에게 반말을 쓰도록 했던 한두 사람을 제외하고는 거의 모든 사람에게 존댓말을 써요. 그러나 무의식적으로 '당신'이라 부르고 사르트르에게도 '당신'이라고 해요. 그토록 오랜 세월이 흐른 뒤 1968년에 갑자기 우리가 서로 반말을 하면서 혁명가 놀이를 하지 않으려 한 건 분명합니다…….

슈바르처 두 분의 오랜 경험에 비추어볼 때 '완전히'라고는 말하지 않
겠으나, 가능한 범위 내에서 전통적인 남녀 관계와 그에 걸맞
은 성역할을 벗어나 행동했다고 생각하나요?

보부아르 우리가 선택한 생활 방식 때문에 저는 여성적 역할을 자주 하
지 않아도 됐다고 생각해요. 다만 이런 기억 하나가 있어요.
전쟁 중이었는데 누군가가 식량 보급, 배급표 타기전쟁 중 식량
을 타기 위해 배급표를 받으러 가는 일을 말하는 것으로 보임, 약간의 요리를
맡아야 했어요. 당연히 사르트르 대신 제가 그 일들을 했어
요. 그는 그런 일에 완전히 무능했는데, 남자이기 때문이죠.
하지만 저는 그와는 사정이 다른 많은 남자를 알고 있었어요.
아주 친한 친구 가운데 한 명은 무척 다르게 자라서 다소 보
이스카우트 같은 면이 있었고, 종종 집안일도 했습니다. 전쟁
중에 그와 함께 자주 파리 근교에 고기를 구하러 갔고, 우리
는 함께 꼬투리 강낭콩 껍질을 벗기곤 했죠. 따라서 제가 이
런 물질적인 일을 맡았던 것은 상대가 사르트르라거나 그와
의 관계 때문이 아니라 단지 그가 그런 일을 할 능력이 없는
사람이었기 때문이라고 생각해요. 사르트르가 무능한 이유
는 그가 받은 모든 남성적 교육이 그를 집안일에서 멀리 떼어
놓았기 때문이죠. 그는 아마도 간신히 달걀부침이나 할 줄 알
거예요.

사르트르 네, 거의 맞습니다.

슈바르처   적어도 완전히 해방된 한 여성의 삶을 알고 싶어 하는 여성들은 보부아르의 회고록에서 때때로 실망스러운 문장들을 발견했어요. 가령 당신이 올가와의 관계를 이야기할 때 그렇습니다. 당신은 다음과 같이 썼어요. "나는 짜증이 났다"라거나 "신경질이 났다" 같은 말, 또는 "그러나 사르트르가 그녀를 많이 좋아하고 있어서 나는 사태를 그의 방식대로 보려고 노력했다. 왜냐하면 모든 것에 있어서 사르트르와 나를 일치시키는 게 나로서는 너무나 필요했기 때문이다." 또 다른 일화를 기억하고 있어요. 사르트르, 당신은 전쟁에서 돌아와 "시몬, 이제 우리는 정치를 할 거예요"라고 말합니다. 그리고 시몬 당신은 "그러므로 우리는 정치활동을 했다"라고 썼어요.

보부아르   제가 여자라서 그렇게 반응한 건 아니에요. 당시 아주 당황스러워하던 우리의 많은 남성 친구들도 무엇을 해야 할지 모르고 똑같은 반응을 보였으니까요. "아, 좋습니다……"라고 하면서요. 사르트르의 장점 중 하나가 바로 그거예요. 그는 때로 불가능으로 귀결되기는 하지만 항상 여러 가능성을 만들어내고, 결국에는 길을 열어요. 그를 따르던 사람은 저뿐만이 아니에요. 더 젊은 사람들을 포함해 우리 또래 거의 모든 친구가 그때 사르트르의 뒤를 따랐어요. 더욱이 그에게는 포로수용소에서 탈출한 사람의 권위가 있었죠. 결국 그것은 딱히 남자-여자의 문제가 아니었어요. 인용하신 첫 번째 문장으로 되돌아오면 네, 저로서는 모든 점에서 사르트르와 마음이 맞아야 했어요. 중요한 것들을 위해 그 점은 저에게 항상 필요했습니다. 모르겠어요, 당신에게는 어떤지…….

사르트르   저에게도 역시 그랬어요. 절대적으로.

보부아르   저는 사르트르가 우리 사이에 거리를 두는 것을 용납하지 않
았을 거라고 생각해요.

슈바르처   장 폴 사르트르, 똑같은 문장을 말할 수 있나요?

사르트르   오! 그렇고말고요. 틀림없습니다.

슈바르처   시몬, 2년 전부터 당신은 여성운동과 어느 정도 연결되어 있
습니다. 장 폴 사르트르, 함께 계시니 묻고 싶군요. 오늘날 여
성해방의 자주적 투쟁에 대해서 어떻게 생각하시나요?

사르트르   '자주적'이라는 말이 무슨 의미인가요?

슈바르처   남성으로부터 독립적으로 활동하는 여성 조직이나 집단의 정
치적 투쟁을 의미합니다.

로마 거리에서 산책할 때
항상 위협을 느낀다는 사실을
남성인 당신은 몰라요.

사르트르   남녀 관계의 문제와 관련해서는 시몬 드 보부아르의 의견에 전적으로 동의합니다. 페미니스트 조직의 남성 배제가 정말로 필요한지에 관해서는 종종 의아했어요. 지금은 그것이 여성들에게 필요하다는 사실을 잘 알고 있으므로 현재로서는 답변하기 어렵군요. 하지만 그것이 진정한 투쟁 형태인지는 궁금합니다. 여성들처럼 생각하는 남성들도 포함하는 게 중요하지 않을까요?

보부아르   남자들은 결코 완전히 여자들처럼 생각하지 못해요!

사르트르   당신이 저에게 늘 되풀이하는 말이죠.

보부아르   네, 그렇고말고요.

사르트르   이 점에 관해서는 당신이 나를 신뢰하지 않는다는 것을 곧바로 인정하는 편이 더 나을 거예요.

보부아르   이론적으로나 이념적으로 여성해방을 전적으로 지지하는 당신조차도 여성들이 자기의 체험이라고 부르는 것을 공유하진 않아요. 당신이 이해하지 못하는 것들이 있어요. MLF와 아주 가까운 실비와 제가 그 점에 대해서 자주 당신을 공격하죠. 예를 들어 알리스가 최근 다시 한번 말한 것, 로마 거리에서 산책할 때 항상 위협을 느낀다는 사실을 남성인 당신은 몰라요. 제가 당신에게 그 이야기를 했을 때 당신은 이렇게 말했어요. "당신이 내게 이야기하는 것은 나와 별 상관이 없어요. 나는 여자들을 공격한 적이 한 번도 없으니까요."

슈바르처   그건요, 꽤 반동적인 답변이에요. '사회계급의 존재는 문제 될 것 없어. 나, 사르트르는 노동자에게 결코 해를 끼친 적이 없으니까'라고 말씀하실 건가요? 절대 감히 그렇게 말하지 않을 거예요.

사르트르   그 둘은 완전히 같은 것이 아닙니다.

보부아르   그렇게 다른 것도 아니에요. 그들의 호의가 어떻든 간에 남자들은 여자들이 당한 공격을 이해하기가 무척 힘들어요. 특히 사르트르 세대의 남자들이요. 왜냐하면 그에 대해서 적어도 자기 세대의 여성들과 관련해 감수성이 아주 예민한, 서른다섯쯤 된 젊은 남자들을 알고 있거든요. 하지만 또 다른 무언가가 있다고 생각해요. 저는 젊었을 때 한 번도 그런 공격의 희생자가 된 적이 없어요. 단언컨대 남자들이 변했어요. 여성해방이 여자들에 대한 남자들의 적의를 증대시킨 것 같아요. 남자들은 제가 젊었을 때보다 더 공격적이고, 더 대담해졌고, 더 빈정거리고, 더 추악해졌어요.

슈바르처   장 폴 사르트르, 여성문제에 관하여 이론적 차원에서 시몬 드 보부아르의 의견에 동의한다고 말씀하셨어요. 그러므로 당신은 체제와 남성이 동시에 가한 특수한 억압의 존재를 인정하

보부아르의 아파트에서 알리스 슈바르처와(1978)

고 있습니다. 제가 틀린 게 아니라면 당신의 이론과 정치적 실천은 일반적으로 피억압자들에 대한 동의로 이끌어요. 달리 표현하자면, 당신은 절대 한 노동자에게 어떻게 행동하고 또는 계획을 세워야 하는지를 감히 말하지 않을 거예요. 그렇다면 어째서 여성과 관련해서는 같은 태도가 아닌 거죠?

사르트르   우선 저는 카스토르castor. 보부아르의 애칭으로 비버를 뜻함가 제가 남자이기 때문에 여자들이 당한 모욕에 대해 어떤 경험도 없다는 말이 과장됐다는 점을 분명히 밝히고 싶어요. 주변 여성들이 저에게 하루 동안 그런 종류의 괴롭힘을 당했다고 이야기할 때마다 마음이 아프고 그에 대해 분노합니다. 따라서 제가 정확하게 그녀들과 똑같은 경험을 할 수는 없다 해도 사랑하는 사람들이 아주 불쾌한 취급을 받는 대상이 된 것을 보는 사람의 경험을 합니다. 자, 이게 그 문제에 관해 제가 말할 수 있는 바입니다. 그런데 정확히 제게 무엇을 묻는 건가요?

슈바르처   5년 전부터 미국에는 프랑스를 포함한 서구 다른 나라들에서처럼 자신들을 혁명적 운동에 속한다고 간주하는 여러 여성 집단이 존재해요. 그들은 여자들이 남자들, 선의의 남자들(그런 남자들이 있습니다) 앞에서조차 주눅 들고 위압감을 느끼는 현실에서 자기 체험의 결론을 이끌어냈어요. 남자들 앞에서 여자들이 해방될 수 없는 대단히 교묘한 지배구조가 존재한다! 그래서 제가 강조하는데요. 장 폴 사르트르, 저는 당신이 여성들의 이러한 주장, 특수한 정치적 결집에 대한 그들의 권리와 관련된 어떤 생각, 더 명확한 답변이 없다는 사실이 놀랍습니다. 투쟁의 현 단계에서 당연한 일이지만 그것은 그 자체로 목표가 아니에요.

사르트르 우선, 저는 사실상 여성들의 수난과 남성들이 여성들을, 시몬 드 보부아르의 표현을 따르면 '제2의 성'으로 취급하려 안간힘을 쓴다는 것을 믿어요. 그리고 그런 종류의 여성 집단이 필요하다는 것을 인정합니다. 저는 남녀 혼성에 대한 여성들의 거부가 언제나 정당화되지는 않는다고 단순하게 말했을 뿐입니다. 남성들의 참여가 받아들여질 모임이 존재할 수 있습니다. 여성들은 사실, 괜찮으시다면, 조금 특별한 종류의 피억압자입니다. 이는 노동자들과는 아무런 관련이 없어요. 억압 유형이 일치하지 않습니다. 노동자는 어떤 하나의 방식으로 억압받고, 여성들은 노동자가 아닐 때조차 나름대로 억압받습니다. 억압의 형태도 정도도 유사하지 않아요. 따라서 저는 여-남 또는 남-여 관계가, 사실상 억압 관계라고 생각합니다. 그러나 제가 이런 사태를 고발하는 것 이상으로 무엇을 할 수 있을지는 모르겠습니다.

보부아르 그 점에 관해서는 사르트르가 〈리베라시옹Libération. 프랑스의 사회주의 성향 일간지〉의 친구들에게 상당히 좋은 캠페인을 벌였다는 사실을 언급해야 해요. 예를 들어 편집부에 여성들을 채용하게 한 것 말이에요. 여성문제에 신경을 쓰도록 친구들을 설득하기 위해서였죠. 게다가 그들은 낙태에 관해 아주 좋은 기사를 썼어요. 사르트르는 그들을 남성우월주의에서 벗어나게 하려고 노력했습니다. 젊은 동료들의 남성우월주의와 싸우고 있어요. 왜냐하면 극좌파라고 해서 그들 대부분의 남성우월주의가 덜한 것은 아니기 때문이죠. 남성우월주의는 다양한 정도로, 그리고 다소 교묘하게 존재해요.

『제2의 성』 30년 후

여성들은 판사나 법관 남편은 물론
노동자 남편에게도 매를 맞아요.

슈바르처   공개적으로 페미니스트라고 선언하신 지 5년이 흘렀습니다.
이후로 많은 일이 일어났어요. 1971년에 낙태를 했다고 공개
적으로 밝힌 여성들 가운데 한 분이었죠. 그 후 수많은 활동
과 페미니스트 선언에 참여하셨고요. 오늘날 젊은 페미니스
트들과의 관계는 어떤가요?

보부아르   여러 그룹이나 경향과의 관계가 아니라 몇몇 여성들과 개별
적으로 관계를 맺고 있어요. 그들과 명확한 주제들에 관해 연
구하고 있죠. 예를 들어 〈현대les Temps Modernes. 사르트르와 보부아
르가 창간한 사회·정치·문화 비평 잡지〉에 정기적으로 '일상적 성차별
주의'에 관한 글을 한 쪽 싣고 있습니다.

* 이 인터뷰는 1976년 파리에서 진행되었다.

또한 여성권리연맹La Ligue du droit des femmes의 책임을 맡고 있고 매 맞은 여성들을 위한 쉼터 건립을 지원하고 있어요. 그러므로 엄밀한 의미에서 전투적 활동가는 아니에요. 저는 서른이 아니라 예순일곱이고 말이 무기인 지식인입니다. 하지만 MLF에 귀를 기울이며 봉사하고 있어요.

매 맞은 여성들을 위한 프로젝트는 낙태 문제처럼 폭력 문제가 사회적 계급과 상관없이 거의 모든 여성에 연관되어 있기 때문에 특히 중요하게 생각하고 있습니다. 그것은 계급의 경계를 넘어서는 일이에요. 여성들은 판사나 법관 남편은 물론 노동자 남편에게도 매를 맞아요. 따라서 우리는 'SOS 매 맞은 여성들SOS Femmes battues'을 설립했습니다. 만약 여성이 남편에게, 때로는 죽을 정도로 맞을 위험이 있어서 집에 돌아갈 수 없으면 적어도 하룻밤에서 몇 주간 여성과 아이들에게 임시로 쉼터를 제공하기 위해 몇 채의 집을 마련하려 노력하고 있어요.

슈바르처   새로운 페미니스트들에게 많은 것을 가르쳐주었죠. 그들도 당신에게 무언가 가르쳐주었나요?

보부아르   그럼요! 많은 것을 가르쳐주었습니다! 그들은 제 관점 중 많은 부분에서 저를 급진적으로 만들었어요. 저는요, 남자들이 억압자인 이 세계에 사는 데 다소 익숙해요. 저 자신은 그로 인해 별로 고통받지 않았습니다. 저는 여성의 예속 대부분, 즉 모성과 살림의 예속에서 벗어났죠.

다른 한편, 당시에는 직업적으로 계속 공부를 하는 여성들이 적었어요. 저는 철학 교수 자격시험에 합격함으로써 여성들 사이에서 특권을 갖게 되었어요. 그 결과 남자들에게 인정받게 됐죠. 저는 예외적인 여자였고 그 사실을 받아들였습니다. 오늘날 페미니스트들은 제가 그랬던 것처럼 '알리바이 여성 femme d'alibi. 사회 여러 분야에서 성공한 몇몇 여성을 내세워 '성차별이 사라졌다, 남녀평등이 이루어졌다, 여성도 능력이 있으면 성공한다' 등 남자들의 기만적 언설의 구실이 되어주는 여성을 통칭. 특히 정치 분야에서 선출직이 아닌 임명직에 여성을 임명하고 본보기로 내세워 성평등 정책을 실현했다는 남자들의 기만적 행태를 비판할 때 쓰는 명칭'이 되기를 거부합니다. 그들의 말이 맞아요, 싸워야 합니다! 그들이 제게 가르쳐준 것은 대체로 경각심이에요. 무엇도 놓쳐서는 안 된다는 거죠. 사소한 것부터 사람들에게 너무 익숙해진 성차별주의까지도요. 이것은 명사의 남성형이 항상 여성형보다 우선하는 문법에서 시작해요.

슈바르처   한 번 말씀하신 것처럼 좌파 남성들이 우월 콤플렉스를 어찌나 내재화했던지 자신을 여전히 좌파의 일원으로 여기던 페미니스트들을 계속해서 '소부르주아지'와 '반동주의자'로 취급하고 있어요. 그들에 의하면 성 투쟁은 기껏해야 하나의 '부차적인 모순'에 불과하며 가장 중요한 모순인 계급투쟁을 분열시킵니다.

보부아르   그들은 달리 어떻게 할 수 없어요. 극좌파 역시 파샤과거 터키에서 장군·총독·사령관 따위의 신분이 높은 사람에게 주던 영예의 칭호들이에요. 그들 DNA에 그런 게 들어 있어요……. 그 또한 남자들이 만들어낸 커다란 속임수입니다. 여-남 모순 역시 다른 무엇과 마찬가지로 중요하고 근본적인 문제예요. 인류의 반이 다른 절반을 반대하는 것이죠. 제가 보기에는 계급투쟁과 마찬가지로 중요합니다. 그 모든 것이 대단히 복잡해요. MLF는 둘 사이의 연관성을 찾아내야 합니다.

어찌 됐건 지금 계급투쟁의 우선권 개념은 여러 차원에서 이론異論이 분분합니다. 좌파 안에서조차요. 우리는 더 이상 이 지형 위에 서 있지 않은 투쟁들을 보고 있으니까요. 예를 들어 이주노동자들의 투쟁, 프랑스 병영 내 병사들의 투쟁, 지방자치를 위한 투쟁, 젊은이들의 투쟁…… 그리고 특히 모든 계급을 통과하는 여성 투쟁.

물론 여성 억압은 그들의 소속 계급에 따라서 여러 다른 형태를 취합니다. 양쪽으로 희생자, 즉 노동자이면서 노동자의 아내인 여성들이 있어요. 다른 여성들은 어머니와 주부로서 여성 억압을 감내하고 있고요. 하지만 부르주아 여성들조차 남편에게 버려지면 프롤레타리아로 전락합니다. 그녀들에게는 직업도 직능도 자기 재산도 없으니까요……. 그걸 부정하는 건 투쟁을 여전히 남성들 사이에 위치시키려는 남성들의 술책이에요. 그들은 고작해야 이따금 여성들에게 도와달라고 요구할 뿐이죠. 그 점이 어쩌면 조금은 흑인과 백인의 관계를 닮았어요.

슈바르처   어떻게 보면 페미니즘의 성서로 남아 있는 『제2의 성』(미국에서만 100만 부 이상 판매되었다)은 원래 순전히 지적이고 이론적인 작업이었어요. 1949년 출간되었을 때 반응이 어땠나요?

보부아르 대단히 폭력적이었어요! 그 책과 저에 대해 아주아주 적대적이었죠.

슈바르처 누가요?

보부아르 모든 사람이요. 책이 나오기 전 〈현대〉에 섹슈얼리티에 관한 장을 실었는데, 어쩌면 실수였던 것 같아요. 그게 폭풍을 일으켰거든요. 저열한 언행으로…… 예를 들어 모리아크는 당시 〈현대〉에서 우리와 함께 일하고 있던 한 친구에게 이런 글을 써 보냈어요. "아, 이제 막 당신 보스의 질膣에 관해 많이 배웠습니다."
그리고 당시 아직 친구였던 카뮈는 저에게 "당신은 프랑스 남성들을 웃음거리로 만들었어요!"라고 말했어요. 교수들 몇 명은 책상이 부서져라 책을 내던졌을 지경이니 그만큼 그 책을 읽는 게 견딜 수 없었던 거죠.
그리고 제가 제 스타일대로 비교적 '여성스럽게' 옷을 입고 '라 쿠폴' 같은 음식점에 가면 사람들은 저를 보며 말했어요. "아 그래, 저 여자야…… 내가 생각하기에…… 그래서 저 여자가 양다리를 걸친다니까." 왜냐하면 당시에 제가 레즈비언이라는 소문이 있었거든요. 감히 그런 글을 쓰는 여자가 '정상'일 리 없다는 거예요.

공산주의자들 역시 저를 산산조각 냈어요. 그들은 저를 "속물 근성의 프티부르주아"로 취급했고 "비양쿠르의 여성 노동자들은 당신이 자신들에게 이야기하는 모든 것에 대해 별로 개의치 않는다"라고 했어요. 이는 단연코 거짓이에요. 좌파도 우파도 내 편이 없었습니다.

슈바르처 어떤 사람들은 심지어 당신이 아니라 사르트르가 책을 써줬다고 말하기까지 했어요.* 어쨌든 세간에는 당신조차 남자들에게 지배당하고, 당신은 항상 『제2의 성』에서 당신이 고발하고 있는 '상대적인 존재'인 남자와 관련지어서만 존재하는 여자, 사르트르의 '삶의 동반자'로 남아 있어요. 사르트르를 보부아르의 '삶의 동반자'로 취급하는 건 상상할 수 없는 일이었을 겁니다.

보부아르 틀림없어요. 특히 프랑스에서는 사람들이 정말로 격분해 있었어요. 외국은 상황이 더 나았죠. 사람들은 외국 여자한테 더 쉽게 관대해지거든요. 멀리 있어, 그러니 덜 위험해…… 같은 거죠.

"제가 무엇을 할 수 있나요?
저는 직업조차 없어요.
아무것도 없고, 아무것도 아닙니다."

● 부정확. 사람들이 그렇게 말한 것은 『제2의 성』이 아니다.

슈바르처   거의 30년 전부터 전 세계 여성들에게 매일 편지를 받고 계시죠. 시몬 당신은 많은 여성에게 여성들의 새로운 집단 투쟁이 있기 전부터 우상이었고, 우리에게 저항의 화신으로 남아 있습니다. 그것은 여성의 상황에 대한 당신의 깊이 있는 분석 전체와 당신의 자전적 소설에서 기인한 것이 분명해요. 왜냐하면 그것들이 용감하게 존재했던 한 여성을 보여주었기 때문이죠. 편지들을 통해서 어떤 새로운 것을 알게 되었나요?

보부아르   엄청난 억압을 알게 되었어요! 실제로 감금당한 여성들이 있습니다. 드문 일이 아니에요. 여성들은 남편이 집에 돌아오기 전 숨어서 제게 편지를 썼어요. 가장 흥미로운 편지는 결혼을 했고, 결혼하길 아주 잘했다고 생각했지만 지금은 완전히 어찌할 바를 모르는 서른다섯에서 마흔다섯 사이의 여성들이 보내온 편지예요. 그들은 이렇게 물어요. "제가 무엇을 할 수 있나요? 저는 직업조차 없어요. 아무것도 없고, 아무것도 아닙니다."
열여덟, 스무 살에는 사랑으로 결혼하고, 서른 살에는 깨어나죠. 그다음에 궁지에서 벗어나려고 하면 그때는 아주아주 어려워요. 저한테도 그런 일이 일어날 수 있었어요. 그래서 저는 이런 상황에 특히 민감합니다.

슈바르처   조언을 한다는 것은 언제나 매우 민감한 일이에요. 하지만 만일 어떤 여성이 당신에게 요청한다면…….

보부아르　여성이 결혼과 아이라는 함정에 빠지지 않도록 해야 한다고 생각해요. 아이를 갖고 싶더라도 아이를 키워야 할 조건들에 대해 잘 숙고해봐야 합니다. 현재 모성은 진정한 예속 상태이기 때문이죠. 아버지와 사회는 아이에 대한 책임을 여성들에게, 오직 여성들에게만 맡겨놓습니다. 아이를 키우기 위해 일을 그만두는 사람은 여성이에요. 아이가 아플 때 집에 남아 있는 사람도 여성이에요. 아이가 실패했을 때 책임을 지는 사람도 여성입니다.

만약 어떤 여성이 그럼에도 아이를 원한다면 결혼하지 않고 아이를 갖는 편이 더 나을 거예요. 왜냐하면 결혼이 가장 큰 함정이니까요.

슈바르처　이미 결혼했거나 어머니인 여성들은요?

보부아르　4년 전 당신과 한 인터뷰에서 집에 있는 35세 이상의 여성은 이미 어느 정도 끝장났다고 말했습니다. 그 후 많은 여성들에게 "아니, 전혀 그렇지 않아요! 우리는 아직 우리 자신을 아주 잘 방어하고 있습니다"라고 말하는 아주 호감 가는 편지를 받았어요. 잘된 일입니다. 그래도 어쨌든 그녀들이 어느 정도의 자율성과 독립성을 가지려면 급여를 받는 일을 찾으려 노력해야 합니다.

슈바르처　그럼 가사 노동은요? 여성들이 부엌에서 그리고 아이들 교육에서 남자들보다 더 많이 일하는 것을 거부해야 할까요?

보부아르   네. 하지만 그걸로는 충분치 않아요. 미래에는 집안일을 수행하는 다른 방법을 찾아내야 할 거예요. 집안일을 오직 여성들만 하는 게 아니라 모든 사람이 하고, 특히 그 일이 고립 속에서 수행되지 않을 방법을요.

한때 소련에 존재했던 특별 서비스를 생각하는 게 아니에요. 저는 그게 위험해 보여요. 왜냐하면 그 결과는 더 과도한 노동 분화이고, 평생 비질이나 다림질만 하는 사람들이 생기니까요. 그건 해결책이 아닙니다.

제가 아주 좋게 생각하는 예는 중국의 몇몇 지역에 존재하는 것 같아요. 가사 노동을 유쾌한 공적 활동으로 만들기 위해 남자, 여자, 아이들까지 모든 사람이 날을 잡아서 모이는 겁니다. 예를 들어, 모두 함께 빨래나 청소를 하는 거죠. 아니면 뭔지도 모를 일을 하기 시작하는 거예요.

수치스러운 일이란 없어요. 모든 일엔 우열이 없어요. 하지만 전체 노동 안에서 어떤 일은 구속적이게 되고, 굴욕적인 것은 그 조건들입니다. 타일 청소, 왜 안 되나요? 타자 치는 일만큼 가치 있는 일이에요! 사람을 비천하게 만드는 것은 한 여성이 타일 닦는 일에 갇혀 있는 방식입니다.

고독, 권태, 비생산성, 공동체에 대한 비통합, 그게 나쁜 거예요. 그리고 집 밖 노동과 집 안 노동 간의 구분……. 어떤 의미에서는 모든 것이 집 밖의 노동이 되어야 할 겁니다.

슈바르처   일부 정당에서 몇 개의 여성운동 흐름과 마찬가지로 주부들을 위한 개연성 있는 임금에 대해 이야기하고 있어요.

보부아르　저는 전적으로 반대합니다. 아마도 당장에는 집에 머물러 있어서 다른 가능성이 적은 여성들이 임금을 받는 것에 매우 만족할 거예요. 이해합니다. 하지만 장기적으로는 여성들이 주부가 하나의 직업이고 받아들일 만한 삶의 방식이라고 믿도록 조장할 거예요. 그런데 여성들이 완전한 권리를 지닌 인간이 되고자 한다면 바로 그것, 이런 집안일의 격리 상태에 대한 종신형 선고, 남성 노동과 여성 노동, 집 밖 노동과 집 안 노동 사이의 분할을 거부해야 합니다. 그러므로 저는 주부들을 위한 임금에 반대합니다.

남자들이 가사 노동을 분담하도록 해야 하고
공명정대하게 수행하도록 해야 합니다.

슈바르처　어떤 여성들은 임금을 요구하면서 가사 노동 역시 가치 있다는 느낌을 만들어낼 수 있으리라고 주장해요.

보부아르　그래요. 하지만 제 생각에 그건 좋은 방법이 아니에요. 거기에 이르기 위해서는 가사 노동의 조건들을 변화시킬 필요가 있어요. 안 그러면 그 가치는 우리가 거부해야 하는 여성의 유폐와 연결된 채 남아 있게 될 거예요. 남자들이 가사 노동을 분담하도록 해야 하고 공명정대하게 수행하도록 해야 합니다. 모든 사람이 함께 일하는 공동체에, 집단에 그 일을 통합시켜야 해요. 어떤 원시 부족에서는 그런 식으로 일이 진행되고, 거기서 가정은 감금과 동의어가 아니에요. 가정의 격리 상태를 깨부숴야 합니다.

슈바르처 시몬, 당신은 이 문제를 개별적으로 해결했어요. 당신은 아이를 낳지 않았고 사르트르와 결혼하지도 함께 살지도 않습니다. 그러니 한 가정을 위해서도 한 남자를 위해서도 가사 노동을 수행하지 않았어요. 모성에 대한 당신의 견해 때문에 여성들에게 자주 공격받았죠. 그들은 당신이 모성을 거부했다고 비난합니다.

보부아르 아니요! 저는 모성을 거부하지 않아요! 단지 오늘날 모성이 여성에게 괴이한 함정이라고 생각해요. 그래서 저는 여성에게 어머니가 되지 말라고 조언할 겁니다. 단죄해야 하는 것은 어머니가 아니라 모든 여성에게 어머니가 되라고 부추기는 이데올로기와 여성들이 그 안에서 어머니가 되어야만 하는 조건들이에요.
거기에 어머니-아이 관계의 가공할 속임수가 추가됩니다. 사람들이 그토록 가정과 아이를 강조하는 이유는 전체적으로 그들이 커다란 고독 속에 살고 있기 때문이라 생각해요. 즉 그들에게는 친구도, 사랑도, 애정도, 아무도 없어요. 그들은 혼잡니다. 그래서 누군가를 갖기 위해 이이들을 낳는 거예요. 끔찍한 일이죠. 아이 입장에서도요. 아이를 그저 빈자리를 메우기 위한 사람으로 만들어요. 어쨌든 아이는 자라는 즉시 떠나버립니다. 아이는 결코 고독에 대한 보장이 되지 못해요.

슈바르처   사람들이 종종 당신에게 "아이를 낳지 않은 것을 지금은 후회
            하시나요?"라고 묻습니다.

보부아르   아니요! 저는 그에 대해 매일 자축하고 있어요. 자기 자신을
            위해서 약간의 시간을 갖는 대신 손주들을 돌봐야 하는 할머
            니들을 볼 때 그렇습니다. 그 일이 그녀들을 늘 즐겁게 하는
            건 아니죠…….

슈바르처   오늘날 이해된 대로의 섹슈얼리티가 여성 억압에서 어떤 역
            할을 한다고 보시나요?

보부아르   저는 섹슈얼리티가 무시무시한 함정일 수 있다고 생각해요.
            불감증을 겪는 여성들이 있어요. 어쩌면 그 자체는 최악이 아
            닐 수도 있겠죠. 최악은 그런 행복을 섹슈얼리티에서 발견하
            는 것입니다. 그렇게 되면 정도의 차이가 있긴 해도 여성들이
            남성들의 노예가 되고, 이는 여성들을 자신의 억압자에게 묶
            어놓는 사슬을 강화합니다.

슈바르처   제가 제대로 이해했다면, 불감증은 현재 여성과 남성의 힘의
            관계가 만들어내는 불편한 상태 속에서 부득이한 경우 더 신
            중하고 분별 있는 반응처럼 보인다는 것이죠. 왜냐하면 불감
            증이 이런 거북함을 반영하고 여자들이 남자들에게 덜 종속
            되도록 만드니까요.

보부아르   맞아요.

슈바르처   남자들이 지배하는 이 세계에서 자기의 사생활을 남자들과
           계속 공유하기를, 따라서 그들과 성적이고 정서적인 관계 맺
           기를 거부하는 MLF의 여성들이 있습니다. 다시 말해서 여성
           동성애를 정치적 전략으로 삼는 여자들이죠. 그에 대해서는
           어떻게 생각하시나요?

보부아르   저는 타협에 대한 이런 정치적인 거부를 아주 잘 이해해요.
           바로 제가 언급한 이유 때문이죠. 사랑은 여자들에게 많은 것
           을 받아들이게 하는 함정일 수 있어요.
           그건 현재의 상황에서만 올바르게 보여요. 동성애는 그 자체
           로 이성애만큼이나 제한적이에요. 이상적인 것은 한 여자를
           사랑하는 것과 마찬가지로 한 남자를, 개의치 않고서 한 인간
           을 두려움도 구속감도 의무감도 느끼지 않고 사랑할 수 있어
           야 한다는 사실입니다.

슈바르처   당신이 쓴 가장 유명한 문장은 "우리는 여자로 태어나는 것이
           아니라 여자가 되는 것이다"입니다. 오늘날 그 '양성의 제조'
           결과 남자와 여자가 매우 다르다는 것을 과학적으로 증명할
           수 있어요. 남자들은 다른 방식으로 생각합니다. 정서가 다
           르고, 걸음걸이가 달라요. 그들은 그렇게 태어난 것이 아니라
           그렇게 되었어요. 이는 남자들이 받은 교육과 그들이 보낸 일
           상생활의 결과죠.

이 확인된 차이에 관해서는 대체로 모든 사람이 동의합니다. 하지만 이런 차이는 그저 하나의 차이가 아니에요. 동시에 열등성을 내포하기 때문이죠. 그래서 여성의 새로운 저항과 함께 영원한 여성의 '부활', 요컨대 여성성의 신비화가 나타나는 것은 이중으로 주목할 만한 일입니다. 가령 장 페라가 최근 히트곡에서 노래한 **여자는 남자의 미래**라는 문구가 그거예요. 여성운동 안에서조차 몇몇 집단이 그런 슬로건을 높이 치켜들고 있어요.

보부아르 저는 오늘날 여성들에게 어떤 남성적 결함들이 없다고 생각합니다. 예컨대 남성적 그로테스크함, 위세를 누리며 무게 잡고 자기를 중요한 사람으로 믿는 그런 방식이요. 보세요, 남성적 직업을 가진 여성들도 이런 결점들을 아주 잘 취할 수 있어요. 그래도 여성들은 어쨌든 위계와 관련해 항상 거리를 유지하고 한쪽 작은 구석에 유머를 간직하고 있어요.
경쟁자들을 짓밟는 그런 방식, 일반적으로 여성들은 그런 방식대로 행동하지 않아요. 또한 지나치면 결함이 돼버리지만 어느 지점까지는 장점인 인내심, 그 또한 여성의 특징입니다. 아이러니와 구체적인 것에 대한 감각도요. 그 이유는 여성들이 일상생활 속에 더 깊이 뿌리를 내리고 있기 때문이죠.
이런 '여성적' 자질들은 우리가 받은 억압에서 기원하지만 해방된 뒤에도 보존되어야만 할 거예요. 그리고 남성들 역시 그 자질들을 획득해야만 할 겁니다. 그렇다고 다른 방향으로 과장해서는 안 됩니다. 여자가 대지, 달과 조수潮水의 리듬 같은 것과 특별한 관계에 있다고 말하는 것. 여자가 더 영적이고 천성적으로 덜 파괴적이라는 식으로 말하는 것. 아니요, 그 모든 것에 어떤 진실이 있다면 그것은 우리의 천성이 아니라 삶의 조건에 따른 것입니다.

'아주 여성적인' 여자아이들은 그렇게 만들어지는 것이지 그렇게 태어나는 것이 아니에요. 많은 연구가 증명하고 있습니다. 선천적으로 여성이 여성이기 때문에 특별한 권한을 갖는 것이 아니에요. 그건 제가 생각하는 모든 것과 완전히 모순되는 가장 퇴행적인 생물학주의일 겁니다.

여성이 자기 몸, 임신, 월경에 대해
더 이상 부끄러워하지 않는 건 좋은 일이에요.
여성이 자기 몸을 아는 것, 저는 그게 훌륭하다고 생각해요.

슈바르처 그러면 이 '영원한 여성'의 부활은 무엇을 의미하나요?

보부아르 남자들이 우리에게 "그러니 얌전하게 여자로 남아 있으시오. 권력, 명예, 직업…… 이 모든 진저리 나는 일을 우리에게 남겨두시오. 대지에 묶여 인간적인 임무를 맡아 거기 있는 것으로 만족하시오……"라고 말하는 건 대단히 위험해요! 한편으로 여성이 자기 몸, 임신, 월경에 대해 더 이상 부끄러워하지 않는 건 좋은 일이에요. 여성이 자기 몸을 아는 것, 저는 그게 훌륭하다고 생각해요.

하지만 그것을 하나의 가치로 만들어서는 안 되고 여성의 몸

이 세계에 대해 새로운 비전을 준다고 믿어서도 안 돼요. 그건 우스꽝스럽고 터무니없는 일이며 그 자체를 '페니스에 대한 대항'으로 만드는 일이 될 거예요. 그런 믿음을 공유하는 여성들은 비합리적인 것, 비의적인 것, 우주적인 것으로 되돌아가는 겁니다. 그들은 그렇게 해서 여성들을 더 잘 억압하고, 지식과 권력에서 여성들을 더 잘 배제하게 될 남자들의 술수에 걸려드는 거예요.

영원한 여성은 허구에 지나지 않아요. 왜냐하면 한 인간의 발전에서 본성은 아주 작은 역할만 하기 때문이죠. 우리는 사회적 존재입니다. 여자가 남자보다 자연적으로 열등하다고 생각하지 않기 때문에 저는 여자가 남자보다 천성적으로 우월하다고도 생각하지 않아요.

회고록을 다시 써야 한다면
나는 지금 무엇을 말할 것인가

제 자신은 별로 생각하지 않고
저를 둘러싸고 있는 것들을 훨씬 더 많이 생각하기 때문에
나이가 많다는 건 전혀 신경 쓰지 않아요.

슈바르처   당신은 우리를 위해 『제2의 성』에서 여성의 상황을 분석했고,
당신의 저작 중 하나의 제목이기도 한 '노년'을 연구한 여성
입니다. 이제 일흔에 가까워졌고요. 당신 자신의 판단 기준에
따르면 당신은 늙었습니다. 어떻게 느끼시나요?

보부아르   여느 때와 다름없어요. 우리가 오늘 제 생일을 축하한다고
해서 이날이 다른 날보다 더 중요한 건 아니에요. 저는 70이
우수리 없는 숫자라는 것을 압니다. 하지만 그 숫자가 69나
68이나 60보다 더 무겁지는 않아요. 제가 더는 젊지 않다는
사실은 아주 오래전에 깨달았어요. 쉰 살이 되었을 때 젊은

*   이 인터뷰는 1976년 파리에서 진행되었다.

여성들이 "아, 이런! 시몬 드 보부아르는 늙은 여자야"라고 속삭이는 것을 듣고 충격을 받았어요. 또는 어떤 여자들이 제게 "오, 세상에! 당신은 저의 어머니를 무척 많이 떠오르게 하네요……"라고 말하는 걸 들었을 때도요. 이제 일흔 살인데 20년 전부터 더는 젊지 않다는 사실에, 더는 젊다고 생각하지 않는 데 익숙해요. 게다가 머릿속에 저에 대한 이미지가 거의 없어요. 제 자신은 별로 생각하지 않고 저를 둘러싸고 있는 것들을 훨씬 더 많이 생각하기 때문에 나이가 많다는 건 전혀 신경 쓰지 않아요.

슈바르처   그게 제가 당신의 회고록을 읽고 사진들을 보면서 이해한 바예요. 그러니 우리가 노년의 충격에 관하여 이야기할 수 있다면 그 충격은 오히려 오십대 때 있었겠군요.

보부아르   그렇습니다. 왜냐하면 프랑스 역사의 어두운 시기와 일치했기 때문이에요. 알제리전쟁 때였어요. 사태의 추이에 압도되어 있었죠. 동시에 저는 늙어가는 중이고 정치적 전망은 암울하다고 생각했어요. 모든 것이 『상황의 힘La Force des choses』의 결말을 상당히 슬프고 환멸에 찬 것으로 쓰게 만들었죠. 하지만 그때 이후로는 그 모든 상황에 익숙해졌습니다……

슈바르처   "내가 속았다"라는 문장을 썼는데 이 문장은 특히 여성들에게 매우 많은 비판을 받았어요. 사실 그들에게 당신은 『제2의 성』의 저자로서 일종의 해방의 상징이 되었습니다. 그래서 많은 여성이 당신에게서 일종의 프로페셔널한 낙관주의를 기대했어요.

보부아르   네, 맞아요.

슈바르처   『노년』에서 사람들이 노인들에게 기대하는 '품격'을 억압의 한 요인으로 서술하고 있습니다. 그건 여자들에게도 마찬가지예요. 품격이란 이름으로 여자들에게 정열과 반항을 금지하려고 해요. 하지만 당신은 이러한 기대에 따르지 않았습니다. 당신은 "품위 없는 노부인"인가요?

보부아르   아니요, 전혀 아닙니다. 브레히트의 "품위 없는 노부인"은 일생 자기 욕망을 억누르다가 나이를 먹고 나서야 터뜨리는 여자예요. 저는요, 결국 저는 할 수 있는 한 언제나 감정을 폭발시켰어요. 항상 제 기호와 충동을 따랐고, 이는 제가 한 번도 저 자신을 학대하지 않았다는 근거이자, 오늘날 제 과거에 대해 보복할 게 없는 이유예요.

슈바르처   회고록에 이야기하지 않은 것들과 오늘날 회고록을 다시 써야만 한다면 말하게 될 것들이 있나요?

보부아르   네. 저의 섹슈얼리티에 관해서 아주 솔직한 결산을 할 거예요. 아주 진솔하고 페미니스트적인 관점에서 할 겁니다. 저는 요즘 여성들에게 제가 섹슈얼리티를 어떻게 체험했는지 말하

작업실에서(1958)

고 싶어요. 왜냐하면 그건 개인적인 문제가 아니라 정치적인 문제이기 때문이에요. 당시에는 이 문제의 차원과 중요성을 이해하지 못했고, 개인적인 솔직함의 필요성도 이해하지 못했기 때문에 말하지 않았어요. 하지만 십중팔구 앞으로도 그에 대해서는 절대 이야기하지 않을 겁니다. 이런 종류의 고백에는 저 혼자만이 아니라 저와 아주 가까운 사람들이 연관되어 있으니까요.

슈바르처　노인들에게는 여성을 짓누르는 금기에 비견할 만한 명목으로 섹슈얼리티를 체험하는 것이 금기시되어 있습니다. 이런 검열의 기능이 『노년』에서 분석되고 있어요. 당신 자신은 어떻게 반응했나요? 이런 금기에 굴복했나요?

보부아르　어떻게 보면 항상 복종했어요. 금기가 아니라 머리에요. 왜냐하면 저는 두뇌가 몸보다 더 강하다고 생각하니까요. 성생활이 가능하지 않았던 경우는 아마도 일종의 히스테리로 인해 성적 욕망이 없던 때였을 거예요. 오직 이런 욕망이 실현될 수 있는 범위 내에서만 성생활을 했어요. 그런데 그게 배제되었을 때는 이런저런 이유로 욕망이 없었습니다.

저에게 섹슈얼리티는 어쩌면 어렸을 때를 제외하고는 언제나 사랑과 연결되어 있었다고 말해야 할 것 같아요. 열두 살 때 "세상에, 결혼하기 위해서 열다섯 살이 되기를 기다려야 하다니!"라고 말했어요. 끔찍해 보였어요! 그때 저는 그게 뭔지도 잘 모르면서 아주 지독한 성적 분출의 먹잇감이 되었어요. 막

연하게 몸 하나, 애무, 무언가…… 가 제게 필요하다는 것을
느꼈죠. 하지만 그때가 제 삶의 섹슈얼리티가 공허했던 거의
유일한 시기였어요.

지금은 완전히 끝났어요. 제 몸 안에 죽어버린 무언가가 있
어요. 잘된 일이에요. 여전히 성적으로 흥분하는 나이 든 여
자들을 생각하면…… 그들을 나무라는 게 아니에요, 저는 틀
림없이 그들이 제법 난처한 일들을 겪고 있을 거라고 생각합
니다.

슈바르처   당신은 『노년』에서 나이 든 사람들의 몸에 관해 모종의 혐오
감을 가지고 이야기합니다. 당신 자신의 몸에 대해서도 동일
한 혐오감을 느끼나요?

보부아르   아시겠지만, 저는 한 번도 그렇게 나르시시스트였던 적이 없
고 제 몸에 대해 자기만족에 빠졌던 적이 없어요. 그러니 당
연히 오늘날에는 아마도 더더욱 없겠죠.

슈바르처   남성적 기준에 의하면 당신은 항상 대단히 아름다운 여성이
었어요. 그런 아름다움을 잃어가는 데 충격을 받았나요?

보부아르   오! 저는 외적인 아름다움에 결코 많은 기대를 하지 않았어
요. 사람들은 친절하게도 제가 마음에 든다고 말해주긴 했죠.
서른, 서른다섯, 마흔에 이따금 거울을 들여다볼 때면 저 자
신이 그리 나쁘지 않다고 생각했어요. 하지만 아름다움에 모

든 것을 걸고, 늙어가는 게 비극인 어떤 여성들과 달리 그 점이 제게는 전혀 매력적이지 않았어요. 어쨌든 그건 아주 부차적인 문제였고 저는 항상 두뇌만이 중요하다고 생각했어요. 그렇긴 해도 제 얼굴에 대해서 어느 정도 자기만족은 있었어요. 그러니 쉰, 쉰두 살 무렵에 마흔 살 때 얼굴과 비교해보고 차이를 확인하는 게 그다지 행복하진 않았답니다. 이제는 익숙해져서 더 이상 스스로 문제를 제기하지 않아요.

저는 잠에서 깨어날 때, 걷고 있을 때,
책 한 권을 읽고 있을 때,
절대 나이를 먹었다고 생각하지 않아요.

슈바르처   『노년』에서 노년의 객관적 상태와 그에 대해 우리가 갖는 주관적 감정 사이의 모순을 이야기하십니다. "늙은 몸 안에서 우리는 젊게 느낀다"라고 말이죠.

보부아르   확실히 거기에 괴리가 있다고 생각해요. 사르트르는 노년을 그가 '실현 불가능한 것'이라 명명하면서 매우 잘 정의했어요. 그것은 타인들에게는 존재하지만 결국 우리 자신에게는 존재하지 않는 무엇이에요. 저는 잠에서 깨어날 때, 걷고 있을 때, 책 한 권을 읽고 있을 때, 절대 나이를 먹었다고 생각하지 않아요. 사실 우리가 젊을 때와 마찬가지로 나이란 없다고 생각해요. 반대로 나이를 알아차리는 때도 있어요. 그에 대해 『레 망다랭』에서 이야기했습니다. 여자 주인공이 "내가 나이를 먹었어"라고 혼잣말을 하죠. 『상황의 힘』에서도요. 지금은 스스로에게 더는 그렇게 말하지 않아요. 알고 있기 때문이죠. 이런 감정은 저의 습관에, 제 몸에 스며 있습니다. 그래도 저는 늙었다고 느끼진 않아요. 그에 대해 콕토가 "최악은 우리가 늙을 때 젊게 남아 있는 것이다"라는 말로 아주 잘 표현했어요.

슈바르처 하지만 나이 듦이 일상의 생활 방식을 변화시키지 않았나요?

보부아르 네. 그건 설명하기가 조금 어려워요. 제가 말할 수 있는 건 이전보다 저 자신이 덜 강하게 느껴진다는 거예요. 서른 살에는 눈을 뜨자마자 뛰어다니고 일을 하고 여러 가지 볼일을 보려고 밖에 나가 있었어요. 지금은 느긋하게 휴식하는 걸 좋아해요. 하루 중 누워 있고, 책을 읽고, 조용히 있는 시간을 좋아하죠. 반면에 더 이상 제 마음을 끌지 않고 의미조차 없는 것들이 있어요. 마흔 살에는 그토록 좋아했으면서요. 예를 들면 외출이요. 친구들과 술을 마시며 죽치던 저녁나절들이요. 저는 특히 우리가 아직은 젊었던, '파리 해방'을 축하하던 전후戰後제2차 세계대전 이후를 생각해요. 우리는 함께 수많은 계획을 세우곤 했죠. 그건요, 그건 정말 매우 강렬하고 대단히 즐거운 일이었어요. 이제는 상황이 더 이상 허락하지 않고 몸조차 호응하지 못한다는 걸 아주 잘 느끼고 있어요. 전에는 일어나자마자 책상으로 달려갔어요. 차 한잔 마시지 않은 상태로 이미 글을 쓰는 중이었죠. 저는 제 일에 열정적이었어요.

기분 좋은 생활이었습니다.

지금은 그다지 할 일이 없는 느낌이에요. 어떤 의미에서는 마음에 들어요. 스스로에게 여가 활동 시간과 얼마간의 자유를 줍니다. 저는 더 많은 삶을 영위할 수 있어요. 제 변덕에 따라서가 아니라 시간의 허락에 따라서요. 예전보다는 미래로 덜 향해 있죠. 그 점은 아쉽습니다. 왜냐하면 그건 자기 앞의 어떤 미래를 정말로 느끼게 됐다는 의미니까요. 어쨌든 제 생각에 인생의 가장 눈부신 순간은 서른과 쉰 사이에요. 인생의 도면이 그려진 동시에 젊은이들이 안고 있는 직업이나 가정 문제로 복잡하지 않을 때죠. 집에서 해방되고 자기 앞에 할 일이 수없이 많이 있어요. 하지만 나이를 먹는다는 건 무한에서 유한으로의 이행이에요. 더 이상 미래가 없고 어쩌면 최악일지도 모르죠.

슈바르처   이미 모든 작품이 당신 뒤에 있고 아주 많은 일을 했다는 사실이 노년을 쉽게 만들지 않나요? 노년을 보내는 데 도움을 주지 않습니까?

보부아르   물론이죠. 도움을 줍니다. 동시에 노년을 악화시키기도 해요. "좋아, 아직 한두 권 더 쓸 수 있어. 하지만 결국 내 작품 대부분이 내 뒤에 있어"라고 제 자신에게 말합니다.

슈바르처   지금 어떤 계획들을 하고 있나요?

보부아르   현재 제가 관심을 두고 있고 저를 즐겁게 하는 건 지금까지 한 번도 해보지 않은 것, 즉 제 책들의 영화 연출이에요. 따라서 정확히 새로운 계획은 아니지만 제가 이미 썼던 것들을 통해 대중에게 다가가는 다른 방식이죠. 예를 들면 『위기의 여자』를 가지고 했던 것처럼요. 또 하나는 『레 망다랭』에 관한 큰 시리즈를 연출하는 일이에요. 사실상 지금 제게는 책은 거의 읽지 않고 텔레비전을 많이 보는 대중들에 도달하기 위해 제 작품들을 다시 보고 새로운 의미를 부여하고픈 욕망이 있어요. 항상 저의 독자였던 사람들과는 다른 어떤 대중이요. 나중에는 질릴지도 모르겠지만 현재로서는 저의 관심을 끌고 있습니다.

그리고 제가 만약 서른이나 마흔 정도라면 무척 해보고 싶은 다른 일 하나가 있어요. 정신분석학에 관한 작업입니다. 프로이트에서 재출발하는 것이 아니라 페미니스트 관점에서 길을 되짚으면서요. 즉, 남성의 시선이 아닌 여성의 시선을 따라서요. 하지만 그 일을 하지는 않을 겁니다. 제 앞에 충분한 시간이 남아 있지 않아요. 그 일은 다른 여성들의 작업이 될 거예요.

슈바르처   『노년』으로 돌아오고 싶습니다. 이 책을 예순에, 노년의 문턱에서 썼고 거기서 자신의 노년과 싸우는 작가, 예술가들의 예를 많이 들고 있어요. 그게 당신을 기다리고 있던 노년을 길들이는 하나의 방법이었나요?

그 점이 책에서 저를 가장 재미나게 한 부분입니다.
노인들이 자신의 노년에 관해 쓴 글을 다시 읽고,
노년을 어떻게 느꼈는지 보는 것이요.

보부아르　　아니요. 꼭 그런 것은 아니에요. 그 주제는 제가 나이 든 여자가 되는 범위 내에서 관심을 끌었어요. 그 점이 책을 쓰도록 자극한 것은 아니었지만요. 그 문제는 널리 퍼져 있었고 제가 만들어낸 게 아니에요. 사람들은 예전보다 훨씬 더 오래 살고 노인들의 삶의 조건은 정말 끔찍합니다. 저는 그들의 경제적·사회적 문제를 사회복지사 친구들 덕분에, 우리가 읽는 모든 것을 통해 꽤 가까이서 알고 있었어요. 노인들에 대해 많은 아픔과 호감을 느끼고 있었죠. 그에 대해 이야기하고 싶었습니다.

동시에 자연스럽게 제가 속한 사회집단의 나이 든 사람들, 말하자면 작가나 예술가들이 인생의 그 순간을 어떻게 체험했는지 궁금했어요. 게다가 그 점이 책에서 저를 가장 재미나게 한 부분입니다. 노인들이 자신의 노년에 관해 쓴 글을 다시 읽고, 노년을 어떻게 느꼈는지 보는 것이요.

슈바르처　　노년의 분석이 당신의 삶에 영향을 주었나요?

보부아르　　아닙니다.

슈바르처　　신기하네요. 자신의 상황에 대해 의식하는 것은 그 상황을 변화시킵니다. 자신의 여성 조건에 대해 자각하는 것은 더 이상 혼자가 아니라고 느끼기 때문에 삶을 더 쉽게 만들고, 또 그 조건이 무엇인지 더 분명히 알기 때문에 삶을 더 어렵게 만들어요.

보부아르 저로서는 『노년』하고 전혀 같지 않았어요. 무엇도 체험보다 나은 건 없기 때문이죠. 그 점에 관한 이론적인 책 한 권을 썼다는 사실이 저를 도와주지도 낙담시키지도 않았어요. 어쩌면 이 이론 작업이 제가 다른 사람들의 어떤 특징들을 발견하는 데 도움을 줄지도 몰라요. 하지만 저 자신은 아니에요…… 예를 들어 2년 전에 저는 몹시 심한 류머티즘을 앓았고, 그로 인해 침대에 누워 있어야만 했어요. 그 후에는 더 이상 이전처럼 쉽게 계단을 올라갈 수 없었죠. 그렇다고 왜 그런지 알기 위해서 그에 관한 책을 써낼 필요는 없습니다.

슈바르처 노년의 커다란 문제 중 하나는 빈곤이에요. 그런 관점에서 보면 당신은 특권층입니다.

보부아르 그건 틀림없어요.

슈바르처 노인들의 또 다른 문제도 당신에게 해당하지 않아요. 바로 고독입니다…….

보부아르 맞아요. 저에게는 친구들이 있고, 몇 명과는 아주 두터운 관계를 맺고 있어요. 많지는 않은데 각각의 관계에 제대로 헌신하기 위해 많은 사람을 원치 않기 때문이에요. 친한 친구 중 두세 명이 함께, 예를 들어 비행기 사고로 죽지 않는 한 제 곁에는 항상 누군가가 있으리란 것을 알아요. 아니, 죽을 때까지 저는 절대 혼자가 아닐 거예요.

슈바르처　하지만 독신인 데다 아이가 없는 당신에게 사람들은 고독한 노년을 예언했어요.

보부아르　네. 실현되지 않은 그 많은 예언 가운데 하나죠…….

슈바르처　사르트르 외에도 당신 삶에서 큰 역할을 하는 사람이 한 명 더 있습니다. 수년 전부터 매우 긴밀한 우정을 유지하고 있는 실비 르 봉이에요. 실비가 당신에게 딸을 대신하나요?

보부아르　절대 아닙니다!

슈바르처　어째서요?

보부아르　모녀 관계는 보통 파국적이에요. 어머니는 어머니와 친구의 역할을 동시에 할 수 없어요. 자신은 그렇게 하기를 원하지만 딸은 어머니를 아주 빨리 미워하게 돼요. 미워한 다음 다시, 하지만 다른 식으로 사랑하게 되리라 각오하면서요. 그 이유는 사람이 일생 동안 하나의 태반 안에 남아 있고 싶어 하지 않기 때문이에요. 주변에서 보는 모녀 관계는 제가 그래야 한 다고 생각하는 것처럼 정열적이고 애정 어린 상냥한 관계가 아니라 기껏해야 참아낼 만한 것들이에요.

슈바르처   그럼 당신과 실비의 관계는요?

보부아르   별개의 관계예요. 우리는 어른이 되어서 만났어요. 실비와 저 사이에는 대단히 깊은 화합이 생겨났어요. 사실 그녀의 젊음 이 저를 회춘하게 했습니다. 하지만 우리가 그토록 친한 이유 는 결코 그 때문은 아니에요. 우리의 친밀함은 전혀 예측된 게 아니었어요.

슈바르처   남성보다 여성에게 노년이 더 힘들다고 생각하나요?

보부아르   아니요. 저는 그렇게 생각하지 않고, 그 내용을 『노년』에 썼 습니다. 늙었다는 사실은 오히려 남성들에게 훨씬 더 힘들어 요. 왜냐하면 우리 여자들, 그러니까 어떤 관점에서 대단히 특권적인 제가 아니라 일반적인 여자들은 높은 곳에서 추락 하지 않아요. 항상 낮은 수준으로 유지되어 있거든요.
하지만 남자들, 자신을 위대한 인물로 여기고 자신에게 권력 과 책임이 있다고 믿는 그들이 늙게 되면 끔찍합니다. 진정한 파탄이에요. 그에 대해 한 노인학 연구자와 이야기했는데, 그 가 저에게 끝나버린 오십대 남자들이 자신을 보러 온다고 말 했어요. 그들은 스물다섯 먹은 아들이 자기 권력을 빼앗아갈 거라는 생각을 참을 수 없어 했고, 완전히 무너져 내렸습니다. 여성은 더 쉽게 만회할 수 있어요.

오늘날 여성들을 위해 만들어진 세계를 좋아하진 않지만, 세계가 여성들에게 더 많은 활로를 남겨두고 있어요. 그것이 우리가 갖는 이점입니다. 항상 멀리 떨어져서 한 번도 권력을 쥐어보지 못했던 여성들은 권력을 갖고 있던 남자들이 보잘 것없는 꼭두각시가 되어갈 때 득세를 해요. 그게 언제나 호감 가는 것은 아니지만 그녀들의 일을 쉽게 만들어주죠. 그리고 저는 그 사실을 아주 잘 이해합니다.

슈바르처   그건 또한 남자들이 항시 투쟁과 경쟁 분위기 속에서 살고 있기 때문이기도 해요. 그래서 늙는다는 것, 지적·육체적 능력을 잃는다는 것은 두말할 것 없이 남자들에게 이중의 위험으로 작용하죠…….

보부아르   그렇습니다. 저는 여자들이 가정생활과 요리 그리고 손주를 돌보는 활동으로 시간을 보내는 걸 별로 좋아하지 않아요. 하지만 어쨌든 그런 생활은 그녀들이 훨씬 잘 살아남게 해줄 실재적이고 심리적인 한 방편이에요.

저는 『제2의 성』이 이론적 토대로서
여전히 매우 유용하다고 생각하고,
페미니스트들은 그 책을 공공연하게 활용하고 있어요.

슈바르처   당신은 전 세계 수백만 여성들의 우상이었고, 게다가 점점 더 그렇게 되어가고 있습니다. 그 점이 당신의 사생활에 영향을 미쳤나요?

보부아르   아니요. 예전보다 더 많은 원고와 페미니스트들의 편지를 받는 것을 제외하고는요. 다만 아시다시피 이따금 얼굴을 얻어맞는 것 같은, 즉 "시몬 드 보부아르, 그건 할머니 페미니즘이야" 식의 말들이 따라오지만 저는 그런 것들에 전혀 관심이 없어요. 오히려 정상으로 보여요. 항상 이의를 제기하고 거부해야 하거든요. 이제는 『제2의 성』 말고 다른 할 일이 있어요. 여하튼 저는 『제2의 성』이 이론적 토대로서 여전히 매우 유효하다고 생각하고, 페미니스트들은 그 책을 공공연하게 활용하고 있어요. 그러므로 저는 인정받는 전문 페미니스트인 것이 부끄럽지도 기쁘지도 않아요.

슈바르처   더구나 당신과 사르트르는 젊은이들이 이의를 제기하도록 상당히 격려했어요.

보부아르   맞아요. 그러니 저는 전혀 개의치 않아요. 다른 한편, 우리는 스스로를 결코 우상으로 보지 않습니다. 시몬 드 보부아르, 저는 타인들에게나 시몬 드 보부아르지 저 자신에게는 아니니까요.

이 세계에 반대하는 투표 하나

모든 영역에서 여성 착취에 대항해 싸워야 하며
정당 하나를 세우는 데 만족해선 안 됩니다.

슈바르처 우리 페미니스트들은 여성운동의 자율성을 원했습니다. 그렇
다고 해서 자율성이, 사회생활의 여러 다른 지반에서 여성의
권리 행사 회피를 내포하는 것이 되어서는 안 될 거예요. 그
에 대해 어떻게 생각하세요?

보부아르 저는 망설여져요……. 확실히 권력은 언제나 쓸모가 있을 수
있습니다. 문제는 '무엇에?'인 거죠. 권력을 잡는 여성은 대체
로 남성들과 비슷해져요. 일종의 '알리바이 여성', 그 역할을
통해서 그만큼 더 남자들의 은밀하고 유능한 우군이 되는 여
성이 있죠. 가령 지스카르데스탱 정부하에서 '여성 조건' 정
무차관을 지낸 프랑수아즈 지루처럼요.

  * 이 인터뷰는 1980년 파리에서 진행되었다.

슈바르처　우리도 독일에서 똑같이 쓰디쓴 확인을 했어요. 제가 스스로 집단 차원보다 개인 차원에 관한 질문을 덜 하는 이유는 그 때문이에요. 어쩌면 하나의 운동은 정치적 현장에서 그 특수성을 유지하면서 하나의 세력이 될 더 많은 가능성을 품고 있습니다. 예를 들면 그 운동은 외부에서 압력을 가할 수도 있어요.

보부아르　네, 하지만 여성운동은 알리바이 여성과는 반대로 집권자들의 게임 규칙에 따르기를 거부해야만 해요.

슈바르처　독일연방에서 우리는 여성의 당이란 아이디어를 내놓았어요. 그에 대해 어떻게 생각하세요?

보부아르　그건 아주 불합리해요. 단순히 상징적 가치만 있을 뿐 어떤 가능성도 없을 테니까요. 다른 한편으로는 여자라는 사실이 그 자체로 하나의 충분한 조건이 아니기 때문이기도 해요. 여성 대통령은 같은 상황에서 상당한 수준으로 남성 대통령과 정확히 같은 일을 할 겁니다. 이를테면 영국의 마담 대처 정부하에서 우리는 단번에 사회정의가 꽃피우는 것을 보지 못했어요……. 따라서 관건은 어떤 대가를 치르고서라도 권력 그 자체를 차지하는 것이 아니에요.

슈바르처　그렇기는 하지만 여성의 당에 관한 생각을 가까이서 검토해 보는 게 중요한 것 같아요. 왜냐하면 많은 여성에게 흥미로운 길로 보이기 때문이죠…….

보부아르 ……필시 막다른 골목에 와 있어요. 더욱이 여성의 당은 무
엇을 의미하나요? 우리는 어쨌든 정치 분야에서 여성문제
의 게토(격리 상태) 안에 우리를 가두게 할 의도가 없어요. 우
리는 모든 사안에 발언권을 얻고자 합니다. 여성문제만 있는
게 아니거든요. 또한 저는 단순히 기존 체제를 모방하려는
것은 남자들이 지배하는 정당 대신 여자들이 권력을 쥘 정
당을 갖게 된다는 단 한 가지 차이에 비해, 현행 게임 규칙에
지나치게 만족하는 거라고 생각해요. 이런 게임 규칙은 언제
나 집권자들의 것이죠. 우리는 권력의 기계장치에 윤활유 역
할을 하는 대신 제동을 걸어야 해요. 모든 영역에서 여성 착
취에 대항해 싸워야 하며 정당 하나를 세우는 데 만족해선
안 됩니다.
가령 가사 노동, 여성들이 보상조차 받지 못하는 경제적으로
비가시화된 이 노동을 예로 들어봅시다. 이런 유의 노동에 대
한 반란, 자, 그건 엄청날 거예요. 아니면 임금 불평등에 대항
하는 것도 마찬가지일 거고요! 동시에 우리는 여성을 주부와
어머니라는 유일한 역할과 동일시하는 것에 맞서 싸워야 해
요. 여성들이 더 이상 그 역할에 희생하지 않도록 싸워야 합
니다.

슈바르처 독일처럼 프랑스도 한창 선거철입니다. 우리 페미니스트들이
최근 몇 년간 해온 것과 같은 방식으로, 투표를 얼마 안 남긴

시점에 분발해서 다소 잘 추진됐지만, 일시적일 수밖에 없는 활동들을 재빨리 벌이는 방식으로 행동해야 할까요? 몇몇 문제들에 대해 여론을 의식화하고, 여러 정당에 우리가 무시할 수 없는 힘이라는 사실을 느끼게 하고, 우리 표가 필요하니까 그들에게서 얼마간 양보를 끌어내기 위해 상황을 더 잘 이용하는 편이 낫지 않을까요?

보부아르   물론이죠! 단, 정당들과 후보자들에게 그들의 의도에 관해 질문하는 데만 한정해서는 안 될 거예요. 그러면 바로 그들의 게임 속으로 들어가게 될 테니까요. 우리가 경험으로 알고 있듯 남자들은 오늘은 여러 가지 약속을 하고 내일은 그 약속을 완벽하게 잊어버릴 수 있어요. 게다가 우리에게 이런저런 약속을 한다는 한 가지 이유로 어떤 정당에 투표할 필요가 있나요? 이런 유의 협잡은 혐오스러워요. 당신에게는 그렇지 않나요?

슈바르처   저는 자문하고 있어요……. 원칙적으로는 당신이 옳습니다. 하지만 제 생각에 그것을 전략적으로 '주거니 받거니'라고 말하는 게 서투른 건 아닐 거예요. 절대 그 정당에 백지수표를 주는 걸 뜻하지 않는다고 명확하게 규정하면서요.

보부아르   저에겐 위험해 보여요. 한편으로는…… 저는 개인적으로 그와 같이 행동하고, 깊은 신념에 반해 투표하는 일이 상당히 자주 있었어요. 단순히 약간의 개선을 희망했기 때문이에요.

가령 최근 선거에서 지스카르데스탱을 택하는 대신 다른 누군가를 선택했을 수도 있겠죠. 예를 들어 인민전선이라든지요. 하지만 동시에 저는 프랑스 공산당을 몹시 싫어합니다. 모스크바에 대한 복종이 저를 격분하게 해요……. 따라서 사회주의자들이 남는데 어쩌면 그들이 차악次惡일지 몰라요. 또한 그들 진영에는 아마도 우리의 대의를 지켜줄 여성들도 몇명 있을 거예요. 다만 사회주의자들은 무엇보다도 필시 노동자들과 모든 빈곤층의 이익을 더 많이 고려할 의무가 있다고 느낄 겁니다.

사실을 말하자면 저는 지금 페미니스트로서 이야기하는 게 아니에요. 우리 여성들이 남자들보다 더 사회주의자들에게 기대할 건 없어요. 저는 단지 어떤 휴머니즘의 이름으로 이야기할 따름입니다…….

슈바르처   독일에서도 역시 이른바 사회주의자들에 관한 '차악'이 문제시 되고 있어요…….

보부아르   우리에게도 그들은 그저 사이비 사회주의자들일 뿐이에요…….

슈바르처   네, 하지만 어쨌든 그들은 사민주의자보다는 조금 더 사회주의자이고, 흔히 프랑스 사회주의자보다는 중도주의자와 드골주의 좌파에 더 비교될 수 있어요……. 우리는 항상 바로 이런 유의 인도주의적 고찰에 말려듭니다! 그리고 우리의 '차악'인 SPDSozialdemokratische Partei Deutschlands, 독일의 사회민주당가 믿는 구석이 그 점이에요! 당신 역시 이 허울뿐인 대안인 무기력, 즉 '차악'에 대한 체념을 극히 불만족스럽게 생각하지 않나요?

보부아르   물론이죠. 다만 그것을 어떻게 피할 수 있을지는 잘 모르겠어요. 사면초가 상태를 무너뜨리기 위해서 공세 전략을 발전시켜야만 할 겁니다. 외부에서 활동하면서요. 저는 선거를 보이콧하는 것 외에 다른 방법을 알지 못해요. 하지만 기권이 포기에 상응하게 되지 않도록 하기 위해서는 대규모 정치운동이 필요합니다.

선거를 보이콧하고자 한다면 소극적으로 해서는 안 되고 적극적인 모습을 보여야 해요. 우리가 왜 다시 그 정당들과 의회 원칙을 문제 삼는지 말해야 합니다. 집에 가만히 있어서는 안 되고 투표소에 가서 투표함에 백지 용지를 넣거나 아무것도 넣지 말아야 해요. 그것이 결국 선거 보이콧이 우파에 득이 될 부메랑으로 바뀔 위험을 피할 수 있는 유일한 방법이에요. 하나의 보이콧은 바로 완전히 의식적인 투표, 즉 있는 그대로의 이 세계에 반대하는 투표가 되어야 할 것입니다! 체제를 구현하는 정치에 반대하는 투표! 여성과 그들의 이익에 대한 완전한 무지에 반대하는 투표!

슈바르처   그 문제를 개인적으로, 구체적으로 어떻게 해결하셨나요? 정당들에 대한 당신의 태도가 언제나 그렇게 비판적이진 않았잖아요? 1950년대 초에는 공산주의자에게 표를 주기도 했고, 제 생각에 제2차 세계대전 이전에는 오히려 비정치적이지 않았나요?

보부아르 그 표현이 아주 적절한 건 아니에요. 저는 전쟁 전에 정치 활동을 하지는 않았지만 관심은 많았어요. 사르트르와 저는 1936년에 인민전선의 승리에 매우 행복해했어요. 하지만 인민전선이 시위를 벌일 때 우리는 관중이었지 참여자는 아니었습니다. 분명 우리는 좌파에 마음이 가 있었고 그 일환으로 파업노동자들을 위해 돈을 냈어요. 다만 거기서 멈추곤 했습니다. 우리에게는 전략이 없었어요. 선거와 관련해 저는 그 당시에 여자로서 투표권조차 없었죠(프랑스 여성들은 제2차 세계대전 이후에나 투표권을 갖게 되었다). 사르트르로 말할 것 같으면 자신의 원칙에 따라 투표를 하지 않았어요. 그는 선거를 혐오스러워했죠.

슈바르처 그럼 전후에는요?

여성들이 진정으로,
근본적으로 사태를 변화시키고자 한다면
이처럼 외부에서 싸워야만 합니다.

보부아르 공산주의자에게 한 번 투표했어요. 그다음 몇 개의 명시적인 정치 캠페인에 깊이 관여했죠. 즉 식민지 전쟁, 인도차이나전

사르트르의 아파트에서(1960)

쟁, 알제리전쟁(공식적으로는 결코 이 명칭으로 불리지 않는다)에 반대해서요. 그러나 이런 유의 투쟁에 대해서는 투표용지로 분명하게 나를 표현할 수 없었어요. 왜냐하면 우리는 그런 결정적인 지점에서 모든 정당에게 배신당했으니까요. 알제리를 보세요. 공산주의자들과 마찬가지로 사회주의자들에게서도 배신당했어요. 우리는 알제리전쟁에 대항해 외부에서, 한계 속에서, 지하에서 투쟁했습니다. 여성들이 진정으로, 근본적으로 사태를 변화시키고자 한다면 이처럼 외부에서 싸워야만 합니다.

슈바르처   결국 '우리가 어떻게 거기에 도착할까?'라는 문제로 귀착됩니다.

보부아르   맞아요. 결정하기가 그토록 어려워 보인다면 그 또한 아마도 우리가 당연히 우파 대신 사회주의자들과 조금 더 앞으로 나아갈 수 있기 때문일 거예요.

슈바르처   여기에는 커다란 원칙들이 있고, 저기에는 소박한 우리의 일상생활이 있어요…….

보부아르   ……그리고 바로 그 때문에 제가 주저하고 있는 거고요. 예를 들어 저는 어떤 정권하에서 퇴직연금과 최저임금이 약간이라도 오를 것인가, 임금노동자와 노조가 조금 더 많은 권리를 갖게 될 것인가 같은 것들을 고려하면서 다른 정권이 아닌 그 정권을 선택해요. 저는 근본적으로 무척이나 신중하고, 원칙적으로 의회민주주의에 대해 비판하면서도 그렇게 합니다. 의회민주주의에 대한 저의 원칙적 비판은, 특히 의회와 정부에 여성이 거의 전무한 상황에 대한 비판이 증명하듯 하나가 아니에요.

슈바르처   그로부터 우리는 협잡 문제로 돌아오는군요. 저에겐 적어도 많은 여성이 거기에 협잡이 있다는 사실을 깨닫는 게 이미 하나의 진보처럼 보여요. 달리 표현하면 결국 관건은 더 이상 정당에 백지수표를 주는 게 아니라 정당을 가까이서 감시하는 거예요. 게다가 최근 몇 년 동안 우리는 이런 유의 경향이, 정당들에 대한 어떤 피로감으로 나타나는 것을 보았어요. 그러니 적기適期를 놓쳐서는 안 돼요. 왜냐하면 체념과 조작을 피하기 위해 효과적인 항의 형태를 발견해야 할 때니까요. 그리고 조작의 위험은 아주 커요! 우리는 여성해방을 촉진하기보다는 오히려 가로막는 '새로운 여성성'과 함께 그 점을 잘 보고 있죠.

보부아르   그게 바로 정확히 제 의견이에요. 현시점에서는 불행히도 진보는커녕 퇴보를 이야기해야 할 거예요. 여기 프랑스에서는 정부가 여성의 요구 일부분을 회유하는 데 상당히 능란하기 때문이에요. 그래서 현재, 여성의 입학이 금지되었던 그랑제콜에 여학생들이 있고, 아카데미프랑세즈에 여자가 '한 명' 있기까지 한 거예요. 이건 오늘날 여성은 모든 영역에서 성공할 수 있고, 여성이 성공하지 못하는 건 여성의 잘못이라는 환상을 우리에게 심어줍니다.

그 모든 것이 소위 말하는 새로운 여성성, 전통적인 여성적 정형定形에 대한 재평가, 즉 자연에 더 가까운 여성, 여성과 모성, 여성과 그 육체성(어떤 이들은 "여성이 자기의 자궁으로 글을 쓴다"라고 말하기까지 한다) 등과 어깨를 나란히 합니다. 여성의 요구 몇 개에 정도를 잘 조절하는 방식으로 동의하면서 여성들을 다시 그 전통적 역할에 못 박는 것은 그녀들의 입을 다물게 하려고 찾아낸 방법이에요. 우리는 우울한 결과들을 통해 불행하게도 그게 매우 효과적인 책략이라는 것을 잘 알고 있습니다. 자기를 페미니스트라고 선포하는 여성들조차 속아 넘어가죠. 여성들은 또다시 타자, '제2의 성'이 되고 있어요.

슈바르처　제게는 '평화를 위한 새로운 여성운동'이 바로 그런 배경 위에서 움직이는 것처럼 보여요. 물론 대체로 가장 선한 의도를 가지고서죠. 참다운 인간이라면 누구나 평화에 찬성하지 않나요? 다만 여성과 평화는 우리를 여성적 온화함이라는 이미지로 환원시키는 낡은 타령이에요.

평화를 유지하기 위해서는,
또는 평화를 가져오기 위해서는
그것을 위해 싸워야 합니다.

보부아르 | 왜 여자들이 남자들보다 더 많이 평화에 찬성해야 하나요? 제가 말하려는 건 그게 이들만큼이나 저들에게도 관련이 있다는 거예요! 더욱이 누가 오늘날 현실적으로 탄원서와 회의로 평화를 위해 무언가 할 수 있다고 진지하게 믿겠어요? 그건 공허한 미사여구일 뿐이에요. 평화를 유지하기 위해서는, 또는 평화를 가져오기 위해서는 그것을 위해 싸워야 합니다. 바로 전쟁과 평화를 결정하는 곳에서 싸워야 합니다! "우리는 더 이상 총알받이를 제공하고 싶지 않다"라는 높이 평가받는 여성들의 논거는 그녀들을 또 한 번 어머니의 역할 속으로 밀어 넣습니다. 결과적으로 우리는 어머니로서 평화를 찬성해야 할 거예요. 환경보호론자들에게서도 유사한 논거를 재발견합니다.

이런 생태주의와 페미니즘의 등가가 저를 화나게 해요. 하지만 둘은 자동적으로 동일한 게 아니에요.

슈바르처 | 뿐만 아니라 그것은 또한 여성들이 남성들보다 자연에 더 가까울 거라는 성차별적 규정의 효과예요…….

보부아르 | 그렇죠. 이런 유의 것들로 여성들을 해방 투쟁에서 단념하게 하고 그녀들의 에너지를 부차적인 행동의 장으로 유도하려 애쓰는 겁니다.

슈바르처 | 시몬, 다음 선거에서 개인적으로 어떻게 하실 건가요?

보부아르   저요? 기권할 거예요.●

● 나는 기권하지 않았다. 미테랑을 지지했고 그에게 투표했다. (시몬 드 보부아르의 주해, 1983)

여자라는 것으로 충분하지 않다

각자에게 작품의 착상은 개인적인 것이었지만,
창조 단계에서는 상대의 비판에
극도로 수용적이었죠.

슈바르처 『작별의 의식』을 출간한 뒤 현재는 사르트르의 편지를 출간
하려고 준비 중이시죠. 그러니 여러 세대에게 각자의 자유를
존중하는 애정 관계의 모델이 되었고, 어쩌면 여전히 모델인
두 분의 관계에 대해 이야기해보죠. 사르트르 타계 후 2년도
더 지난 지금, 이 서간집은 우리에게 새삼 무엇을 알려줄까
요? 그에 관해, 또 두 분에 관해서요.

보부아르 우리의 관계가 매우 애정 어리고 동시에 아주 유쾌한 관계였
다는 것을요. 또한 감정적 측면에서만큼 지적인 측면에서도
신뢰로 가득 찬 관계였다는 것을요. 가령 저는 사르트르가 전

* 이 인터뷰는 1982년 9월 파리에서 진행되었다.

쟁포로였을 때 제게 쓴 편지들을 기억해요. 그는 우연히 아주 운이 좋은 조건 아래 있었죠. 책상까지 있었거든요. 『철들 나이L'âge de raison』의 프롤로그도 이미 써놓은 상태였어요. 그 글은 사르트르에게 대단히 중요했지만, 그는 제 비평을 듣고 난 후 아무 조건 없이 원고를 찢어버렸어요. 요컨대 이 편지들은 제가 비평가로서 그에게 영향을 미친 사실을 알려준답니다. 게다가 그건 상호적이었어요. 각자에게 작품의 착상은 개인적인 것이었지만, 창조 단계에서는 상대의 비판에 극도로 수용적이었죠. 또한 그가 감정생활 면에서 저를 전적으로 신뢰했다는 것도 볼 수 있어요. 즉 그는 제게 모든 것을, 세부적인 것까지…… 이야기했어요.

슈바르처   그 점이 마음을 아프게 하지 않았나요?

보부아르   아니요. 왜냐하면 우리가 서로를 완전히 신뢰했기 때문이에요. 무슨 일이 있어도 서로가 자기 인생에서 가장 중요하다는 걸 둘 다 알고 있었어요.

슈바르처   한 번도 의심한 적은 없나요?

보부아르   한 번 있었어요. 회고록에 그 이야기를 썼습니다. 상대 여성을 알지 못했기 때문에 잠시 망설이기도 했습니다만……. 그녀의 이름은 돌로레스인데 회고록에서는 M으로 칭하고 있어요. 1944~1945년경 미국이었고, 제2차 세계대전 후 해방을 만끽하던 시기였죠. 사르트르가 그녀에 대해 아주 큰 호의와 존중을 표하며 이야기해서 한순간 '그녀가 나보다 더 그와 가까운 건 아닐까?' 자문했어요. 제가 그에게 물어봤죠. 그는 "나는 당신과 함께 있어요!"라고 대답하더군요.

슈바르처   이 특권적인 자리는 서로에 의해서 한 번도 위태로웠던 적이 없나요?

보부아르   네, 한 번도요. 어쩌면 사르트르가 어떤 남자도 자신에게 절대 심각한 경쟁자가 되지 못할 거라고 아주 오만하게 생각했기 때문일지 몰라요.

슈바르처   『작별의 의식』을 읽어보면 사르트르가 성행위를 그리 중요시하지 않았다는 걸 알 수 있어요. 따라서 저는 무엇보다도 두 분의 관계가 전혀 섹슈얼리티에 기반을 둔 게 아니라고 추정하고 있어요. 그것이 다행스러운 일이었나요? 적어도 신체적인 질투를 제거해버리니까요? 그리고 성적 매력이 감소하는 즉시 다른 쪽으로 고통스럽게 방향 전환을 하지 않아도 되니까요?

보부아르   어쩌면요…… 지적 질투 또한 없었다고 덧붙여야만 해요. 타인의 경쟁을 두려워하기에는 우리 둘 다 지나치게 오만했어요. 실제로 엄밀한 의미에서의 성행위는 특별히 사르트르의 관심을 끌지 않았어요. 그래도 그는 애무하는 건 좋아했습니다. 저한테는 초기 2~3년간은 사르트르와의 성관계가 굉장히 중요했어요. 그와 함께 섹슈얼리티를 발견했거든요. 나중에 사르트르에게도 그다지 중요하지 않게 된 범위 내에서 그것은 중요성을 잃어버렸어요. 우리가 꽤 오랫동안, 15년 혹은 20년간 성관계를 갖긴 했지만요. 그래도 그게 본질적인 것은 아니었습니다…….

슈바르처　제 생각에 본질적인 것은 두 분의 지적 관계였어요. 사람들은 종종 당신을 "사르트르의 거대 추종자" 또는 "사르트르의 첫 번째 제자"라고 칭했습니다. 이런 해석에 대해 어떻게 생각하시나요?

보부아르　그건 잘못됐어요. 대단히 잘못된 거예요! 철학 안에서 그는 창조자였고 저는 아니었어요. 하지만 창조자가 아닌 남자들 역시 수없이 많아요! 저는 이 분야에서 그의 우월성을 인정했습니다. 철학과 관련해서는 제가 실존주의에 동조했으므로 저는 사실상 사르트르의 제자입니다. 뿐만 아니라 우리는 실존주의에 관해 자주 토론했습니다.『존재와 무』에 관해서도 많이 토론했어요. 저는 그의 사상 가운데 어떤 것들에 대해서는 반대했는데, 이따금 제 의견이 방향을 조금 바꾸도록 했죠.

슈바르처　예들 들자면요?

저는 사르트르에게 의존하고 있지 않았어요.
제 책들을, 저 자신의 소설들을 쓰고 있었습니다.
문학에 저를 걸었어요.

보부아르 『존재와 무』 초판본에서 그는 마치 자유가 모든 사람에게 거
의 완전한 것처럼 이야기하고 있어요. 아니면 적어도 자기의
자유를 행사하는 일이 언제나 가능하다고요. 반대로 저는 자
유가 행사될 수 없거나 단지 속임수일 뿐인 여러 상황이 존재
한다는 사실을 강조했어요. 그는 제 말에 동의했죠. 그 후 인
간이 처한 상황에 큰 비중을 두었어요.

슈바르처 그때가 두 분이 마르크스주의를 만나기 전인 1941~1942년이
었나요……?

보부아르 네.

슈바르처 당신은 그때 무엇을 하고 있었나요?

보부아르 저는 사르트르에게 의존하고 있지 않았어요. 제 책들을, 저
자신의 소설들을 쓰고 있었습니다. 문학에 저를 걸었어요. 사
르트르의 실존주의라는 철학적 배경을 바탕으로 한『제2의
성』조차 하나의 완전한 창조입니다. 그 책은 여성에 대한 **저**
의 시각을 반영하고 있어요. 그와 같은 방식으로 **저**는 그것을
깊이 느꼈습니다.

슈바르처 어떻게 해서 지적으로, 인간적으로 대단히 매력적인 사르트르 같은 사람과 있으면서도 '그'의 아내가 되고자 하는 함정에 빠지지 않았나요? 그의 곁에서 상대적인 여자의 모습을 보이는 데 만족하면서 말이죠. 당신이 독립적인 삶을 살도록 이끌었던 결정적인 요소들은 무엇인가요?

보부아르 제 삶의 초년기에 남겨진 자국들이요. 저는 언제나 제 직업을 갖고 싶었어요. 사르트르를 알기 훨씬 전부터 글을 쓰고 싶었죠. 그를 만나기 한참 전에 이미 환상, 동경, 욕망, 관능 같은 것이 아닌 아주 명확한 꿈이 있었습니다. 그리고 행복해지기 위해서는 자기 삶을 성취해야 했어요. 제가 생각하는 성취란 무엇보다 일을 통해 얻는 것이었습니다.

슈바르처 사르트르의 태도는 어땠나요?

보부아르 사르트르는 제가 그렇게 하도록 떠다민 첫 번째 사람이었어요. 저는 교수 자격시험을 마친 뒤 좀 되는대로 살고 싶었습니다. 공부를 많이 했었거든요. 사르트르의 사랑과 함께 행복하게……. 하지만 그는 저에게 "대체 카스토르, 당신 왜 더 이상 사고思考하지 않나요? 왜 더 이상 일을 하지 않지요? 글을 쓰고 싶어 했잖아요! 가정주부가 되고 싶은 건 아니겠죠, 안 그래요……?"라고 말했어요. 그는 제가 독립성을 보존하기를 끈질기게 요구했어요. 특히 문학 작업을 통해서요.

슈바르처   당신을 만나지 않았다면 사르트르는 십중팔구 아주 고전적인
         부부 구조 속에 놓이게 되었을 겁니다…….

보부아르   결혼한 사르트르요? 몹시 골치 아팠을 거예요, 틀림없습니다.
         하지만 맞아요, 그를 함정에 빠뜨리기는 아주 쉬웠을 거예요.
         자격지심이…… 그래도 그는 거기에서 빨리 벗어났어요.

슈바르처   그럼 당신은 자격지심, 여성들에게 매우 널리 퍼져 있는 죄의
         식의 감정을 느껴본 적이 있나요?

보부아르   아니요, 그런 의미의 자격지심은 결코 느껴본 적이 없어요.
         이따금 자책감은 있었어요, 급작스럽게 친구 관계를 끊었을
         때 같은 경우요. 그건 딱히 자랑스럽지 않았어요. 전반적으로
         는 양심에 부끄러움이 없어요. 저는 때로 자격지심을 느끼는
         게 거의 무의식적이라고 생각합니다.

슈바르처   제가 보기에 당신은 자기 자신에 대해 대체로 너무 깊이 생각
         하지 않는 분인 것 같아요.

보부아르   맞아요. 제가 하는 분석을 스스로에게 지나치게 적용하지 않
         아요. 저에겐 낯선 방식이에요.

슈바르처   하루는 장 주네가 두 분 커플에 대해 이야기하면서 당신이 남
         자고 사르트르가 여자라고 말했어요. 그가 무엇을 말하려 한

이스라엘을 방문한 보부아르(1967)

건가요?

보부아르 그는 사르트르가 저보다 더 풍부한 감수성, '여성적'이라고 규정지을 수 있는 감수성을 지녔다고 말하고 싶어 했어요. 반대로 저는 주네의 말에 의하면 더 무뚝뚝한 태도를 보인다는 거예요. 하지만 이런 고찰은 또한 그가 여자들과 맺는 관계에서 기인하기도 해요. 그는 여자들을 그다지 좋아하지 않거든요.

슈바르처 당신이 '고약한 사람chameau'의 어떤 측면을 지니고 있다는 건 조금은 사실이에요. 당신 스스로 그 점을 인정했듯이요. 그 에너지, 지적인 날카로움과 당신이 누군가 혹은 무언가를 좋아하지 않는 즉시 내보이는 얼음같이 차가운 태도……. 당신은 대단히 비타협적인 사람입니다.

보부아르 네, 맞아요.

슈바르처 여성이 그처럼 자기의 지성, 단호한 성격을 과시할 권리를 가지고 있다고 여기면 사람들이 불이익을 주는 경우를 많이 알고 있어요. 주위 사람은 "네가 남자만 해? 그럼 너는 여자로서 바람직하지 않아!"라는 반응도 보이죠. 그런 체험을 해보셨나요?

보부아르 아니요.

슈바르처　　따라서 '귀여운 여자' 태를 내면서…… 당신의 '남성적' 특징
　　　　　　을 보상받으려는 유혹을 느낀 적이 전혀 없나요?

보부아르　　오, 아니요. 전혀요! 저는 일을 하고 있었고 제게는 사르트르
　　　　　　가 있었어요. 저의 의도와는 상관없이 예기치 않은 일들이 일
　　　　　　어났어요. 미국에서 올그런을 만나 환경의 변화와 그의 매력
　　　　　　과 모든 장점으로 인해 그에게 사랑의 감정을 느꼈을 때, 저
　　　　　　는 제가 아닌 다른 사람으로 가장할 필요가 없었어요. 그 역
　　　　　　시 저에 대해 사랑을 느꼈고요.

슈바르처　　당신에게 욕망은 언제나 감정과 연결되어 있었나요?

보부아르　　네, 그렇게 생각해요. 저는 적어도 저를 욕망하지 않는 남자
　　　　　　를 욕망하지는 않았어요. 저를 이끌었던 것은 오히려 타인의
　　　　　　욕망이었죠.

슈바르처　　조심성이네요…….

보부아르　　네. 어쩌면 저는 때때로 환상을 품었던 건지도 몰라요. 하지
　　　　　　만 현실적으로 봤을 때 이미 큰 우정으로 맺어지지 않았다면
　　　　　　어떤 남자도 저를 건드리지 않았어요.

슈바르처　　'익명의 섹슈얼리티'는 없었나요? 아무나와 충족하는 순전히
　　　　　　육체적인 욕망은요?

보부아르   오, 아니요. 한 번도 없었어요! 그건 저와 거리가 먼 일이었어요. 아마도 제가 받은 교육의 결과인 청교도주의에서 오는 것 같아요. 그런 일은 한 번도, 결코 일어나지 않았습니다. 제가 연애를 하지 않았던, 따라서 한동안 성생활이 없었던 시기조차도요. 남자를 찾으러 가야겠다는 생각은 추호도 해본 적이 없어요.

슈바르처   '여성적인' 건가요, 이런 신중함은?

보부아르   글쎄요.

슈바르처   당신의 섹슈얼리티를 상기할 때 남성들만 거론되네요. 여성과는 사랑의 관계가 전혀 없었나요?

보부아르   네, 전혀요. 저는 항상 여러 여성과 아주 큰 우정을 쌓았어요. 매우 다정한, 때로는 애무까지 하는 애정이었죠. 하지만 제 안에서 에로틱한 정열을 일깨운 적은 한 번도 없어요.

슈바르처   안 될 건 없잖아요?

보부아르   확실히 제가 받은 교육의 영향인 듯해요. 집에서 받은 교육뿐만 아니라 어린 시절에 저에게 강한 인상을 준 모든 독서와 영향력을 포함해 제가 받은 모든 교육이요. 그런 것들이 저를 이성애 쪽으로 몰아갔어요.

슈바르처   그런 당신에게조차 동성애가 이론적으로 받아들일 만한 것으
로 보이나요?

보부아르   전적으로요. 전적으로 받아들일 만해요. 여성들은 더 이상 오
직 남자의 욕망에만 조건 지워져서는 안 될 거예요. 더군다나
제 생각에 모든 여성이 오늘날 이미 조금…… 조금은 동성애
자인 만큼요. 아주 단순하게 여자들이 남자들보다 성적 매력
이 더 뛰어나기 때문이에요.

슈바르처   무슨 뜻이죠?

보부아르   여자들이 더 예쁘고 더 부드럽고, 피부도 더 좋아요. 일반적
으로 여자들이 더 매력적이에요. 보통의 커플 안에서 여성이
더 호감 가는 것은 지적으로도 아주 흔한 일이죠. 더 활발하
고, 더 매력적이며, 더 재미있어요.

슈바르처   지금 말씀하시는 건 좀 성차별주의가 아닌가요?

보부아르   아니에요. 왜냐하면 그 또한 양성의 다른 조건화, 그들이 처
한 다른 현실에서 기인하기 때문이죠. 요즘 남성들은 종종 사
르트르도 불만스러워하는 약간 그로테스크한 면이 있어요.
즉 큰 이론들을 전개하면서 거드럭거리는 태도, 유연성과 생
동감이 결핍된 점이요.

슈바르처 　맞아요. 하지만 여성들도 결점이 있어요. 그런데 최근에는 여성들이 그에 대해 다시 자랑스러워하기 시작했어요. 우리는 오늘날 독일뿐만 아니라 다른 곳에서도 '여성성'의 부활을 목격하고 있습니다. 스테레오타입과 전통적인 '여성 역할'로의 복귀와 함께 소위 '새로운 여성성'(사실상 옛날 것과 다름없는), 즉 지성 대신 감성, 투쟁 의지 대신 '타고난' 평화적 성격에 대한 찬양, 그 자체 창조적 행위로 제시된 모성의 신화화 등을요. 『제2의 성』에서 "우리는 여자로 태어나는 것이 아니라 여자가 되는 것이다"라고 쓴 당신은 어떤 여성들이 '여성적 본질'로 회귀하는 것에 어떻게 대응하나요?

모성의 절대 숭배,
'영원한 여성'을 되살리는 것은
여성을 옛날 수준으로 퇴보시키려 애쓰는 거예요.

보부아르 　그건 여성들을 예속 상태로 되돌리는 거예요! 모성은 언제나 여성들을 예속 상태로 환원시키는 가장 좋은 방식이에요. 어머니인 모든 여성이 자동적으로 노예가 된다는 의미가 아니에요. 모성이 예속 상태가 아닌 삶의 조건들이 존재할 수 있어요. 하지만 어쨌든 오늘날 사정은 전체적으로 똑같아요. 여성의 주요 임무가 아이를 만드는 것이라고 여기는 한, 여성은 정치나 기술에 관여하지 않을 거고 남자들과 주도권을 다투지도 않을 거예요. 모성의 절대 숭배, '영원한 여성'을 되살리는 것은 여성을 옛날 수준으로 퇴보시키려 애쓰는 거예요.

슈바르처   그리고 그건 세계 경제 위기의 시기에 아주 편리하죠.

보부아르   맞아요. 여자들에게 냄비를 닦는 일이 신성한 임무라고 말할
           수 없으니까 아이를 기르는 것이 신성한 임무라고 말합니다.
           하지만 지금과 같은 세상에서 아이들을 기르는 것은 냄비 닦
           기와 무관하지 않아요. 왜냐하면 여자가 집에 남아 있도록 강
           요하기 때문이죠. 이는 여자를 상대적인 존재, 열등한 위치로
           퇴보시키는 한 방법입니다.

슈바르처   그러면 페미니즘은 부분적으로 실패한 건가요?

보부아르   사실 페미니즘은 지금까지 제한된 수의 여성들에게만 진정으
           로 깊숙이 도달했다고 생각해요. 페미니즘의 몇몇 활동은 많
           은 것을 달성했어요. 이를테면 낙태 권리를 위한 투쟁이요.
           반면에 오늘날 페미니즘은 많은 사람이 보기에 실업과 남성
           의 특권을 문제 삼는 것 때문에 어떤 위험을 드러내고 있습니
           다. 그래서 눈에 보이지 않고 다수의 여성 안에 깊이 뿌리 박
           혀 있는 스테레오타입을 불쑥 다시 등장시키는 거예요. 천생
           여자로 남아 있는 유령이죠……. 사람들은 여성성에 어떤 이
           념적인 가치를 재부여하고 '정상적인 여자', 상대적이고 복종
           적인 페미니즘에 의해 위태로워진 여자 이미지를 재구성하기
           위해 거기에 기대고 있어요. 향수를 불러일으키고 사람들이
           되살리려고 애쓰는 그런 이미지를요.

슈바르처   실존주의와 마르크스주의의 문제, 즉 현 상황에서 여성들의 자유는 사정이 어떤가요? 여성들은 어디서 행동할 수 있고, 우리가 부딪힐 수밖에 없는 한계는 어떤 것들이 있나요? '여성성'의 악순환에서 빠져나오기 위한 길은 무엇인가요? 우리 페미니스트들이 실수를 저질렀나요?

보부아르   말하기 어렵군요. 뭔가를 했다는 것은 이미 좋은 일이에요. 그런데 상황이 전혀 유리하지 않아요……. 사실 운동 아주 초기에 그리 좋지 않은 여러 일들이 있었어요. 예를 들어 어떤 여성들이 남성들에게서 온 모든 것을 거부했던 것처럼요. 무엇도 '남자처럼' 하지 않겠다는 그녀들의 의지, 즉 남자들처럼 계획하고, 일하고, 창조하고, 행동하는 것에 대한 거부 말입니다. 저는 항상 남자들 수중에 있는 도구를 취해서 사용해야 한다고 생각했어요. 페미니스트들이 밟아야 할 절차에 관해 분열되어 있다는 사실을 알고 있어요. 여성들이 점점 더 많은 자리를 차지하고 남성들과 경쟁에 돌입해야만 할까요? 그것은 십중팔구 그들의 자질과 결함을 동시에 얻는다는 뜻을 내포해요. 아니면 반대로 이런 방식을 완전히 거부해야 할까요? 첫 번째 경우에 여성들은 더 많은 권력에 이릅니다. 두 번째 경우에는 여성들이 무력해집니다. 물론 그것이 남자들과 같은 방식으로 권력을 차지하고 행사하기 위해서라면…… 우리가 사회를 변화시키고자 하는 건 이런 방식이 아니에요. 그런데 제 생각에 페미니스트들의 진정한 계획은 오직 사회와 사회 속의 여성 지위를 변화시키는 것일 수밖에 없어요.

슈바르처   당신 자신은 첫 번째 길을 택했습니다. 즉 '남자처럼' 글을 쓰
         고 창조했죠. 동시에 세계를 변화시키려 노력했어요.

보부아르   네. 그리고 이 이중의 전략이 저에게는 유일한 길처럼 보여
         요. 이른바 남성적인 자질을 취하는 걸 거부할 필요는 없어
         요! 우리는 상당한 정도까지, 그저 세계일 따름인 남성 세계
         에 뒤섞이는 위험을 감수해야만 해요. 물론 이런 길을 이용하
         는 건 한편으로 한 여성이 다른 여성들을 배신하고 페미니즘
         을 배신할 위험까지 무릅쓴다는 의미입니다. 그녀는 자신이
         해방되었다고 믿죠……. 하지만 다른 길, '여성성'에 질식되
         는 위험이 따릅니다.

슈바르처   이 길에서든 저 길에서든 많은 여성이 배제와 굴욕을 경험했
         어요.

보부아르   제가 한 번도 굴욕을 당하지 않았다는 점이 저에겐 행운이에
         요. 저는 여자라는 이유로 고통을 받지 않았어요. "당신이 여
         자이기 때문에 그렇게 생각하는 겁니다"라는 말들을 거듭해
         듣는 데 짜증이 많이 나기는 하지만요. 그건 이미 『제2의 성』
         의 서문에 썼어요. 저는 항상 "터무니없군요. 당신은 남자이
         기 때문에 그렇게 생각하나요?"라고 대꾸했어요.

슈바르처   문학에 관해 묻겠습니다. 현재 페미니스트들 사이에 논쟁이
         있습니다. 즉 '양을 장려해야 하는가 아니면 질을 장려해야

하는가? 남자에 대해서와 마찬가지로 여자에 대해서도 엄격하고 비판적인 모습을 보여야 하는가? 아니면 반대로 우리는 여자들이 글을 쓴다는 단순한 사실에 기뻐해야 하는가?' 같은 것들이요.

보부아르 저는 아니라고 말할 줄 알아야 한다고 생각해요. 여성들에게도요. "아니요, 안 됩니다! 다른 것을 쓰세요. 개선하도록 노력하세요! 당신 자신에게 더 엄격해지세요!"라고 말입니다. 여자라는 것으로 충분치 않아요. 저는 출간을 꿈꾸며 글을 쓰는 여성들에게서 많은 원고를 받고 있어요. 따로 직업이 없는 사오십대 가정주부들이죠. 아이들은 집을 떠났고 그들에게는 시간이 있어요. 많은 여성이 이때 글을 쓰기 시작합니다. 대개 자전적인 이야기인데 거의 언제나 불행한 어린 시절을 그리고 있어요. 그녀들은 그 내용이 흥미롭다고 믿어요……. 글로 무언가를 표현하는 건 정신 건강에 이로운 역할을 할 수 있어요. 그렇다고 해서 반드시 그 글이 책으로 출판되어야만 한다는 것을 의미하진 않아요. 아니요, 저는 여성들이 자기 자신에 대해서 매우 엄격해져야 한다고 생각해요.

슈바르처 여성운동의 존재가 개인적으로 당신의 무언가를 변화하게 했나요?

보부아르 여성운동은 세부적인 것에, 거의 눈에 띄지 않고 지나가서 그만큼 '정상적으로' 보이는 일상적인 성차별주의에 대한 감수성을 더 예민하게 만들었어요. 파리의 한 페미니스트 그룹이 몇 년 전부터 〈현대〉를 위해서 제가 이전에는 깊이 느끼지 못했던 '일상의 성차별주의'에 관한 글들을 쓰고 있어요.

슈바르처　운동이 존재하기 전, 당신은 여성들에 대해 이야기하면서 '그녀들'이라고 말하곤 했어요. 지금은 '우리'라고 합니다.

보부아르　저에게 '우리'는 '우리 여성들'이 아니라 '우리 페미니스트들'을 의미해요.

슈바르처　'페미니즘'이라는 단어는 인플레이션을 조장하는 화폐(너무 많이 쓰는 단어)가 되었어요. 예를 들어 독일연방에서는 몇몇 여성들이 강력한 평화운동을 전개하면서 페미니즘을 내세우고 있죠. '자녀들을 위해 내일의 세계를 구하고자 하는 어머니들'로서, '생명의 담지자인 여성들'로서 혹은 소위 '파괴자'일 수 있는 '남성들보다 천성적으로 더 평화적인 여성들'로서……

보부아르　어이없군요! 여성들은 여성으로서가 아니라 인간으로서 평화를 위해 투쟁해야 합니다. 이런 유형의 논거는 완전히 비상식적이에요. 어쨌든 여성들이 어머니라면 남성들 역시 아버지니까요. 더욱이 여성들은 지금까지 아이를 낳을 수 있는 '모성'의 역할에 지나치게 사로잡혀 있었어요. 그건 다시 여성적역할의 속임수에 걸려드는 거예요. 내세워야 할 건 그게 아니에요. 평화주의자 여성들은 남성들처럼 젊은 세대가 희생되어서는 안 된다고 말할 수 있어야 하지만, 이는 그녀들이 개인적으로 여성이나 어머니여서가 아니에요. 요컨대 여성들은 그런 쓸데없는 것들을 단호하게 버려야만 할 거예요. 사람들이 비록 여성성이나 모성의 이름으로, 바로 그런 이유 때문에 여성들을 평화운동에 합류하도록 장려한다고 할지라도요. 그건 그저 여자들을 한 번 더 애 낳는 역할로 불러들이려는 남자들의 책략일 따름이에요. 게다가 권력이 있는 여자들은 남자들과 다르게 행동하지 않아요. 사람들은 그 예를 인디라 간디, 골다 메이어, 마담 대처 등에게서 잘 보고 있습니다. 그들이 갑작스럽게 긍휼의 천사나 평화의 천사로 변신하는 게 아니에요.

제 생각에는 오히려 남자들 사이에
진정한 우정이 극히 드물어요.
여자들은 자기들끼리 더 많은 것을 이야기하죠.

슈바르처   제2차 세계대전이 끝난 뒤부터 당신과 사르트르는 참여 지식인이 되었고 세계의 더 많은 정의와 자유를 위해 글과 행동을 통해서 열정적으로 투쟁했습니다. 두 분은 소련, 중국, 쿠바에서 혁명에 어떤 희망을 걸었고 또한 실망을 경험했어요. 알제리전쟁 동안 프랑스의 이름으로 자행된 범죄는 개인적으로 당신을 몹시 상심하게 했고, 그에 대해 회고록에서 이야기하고 있습니다. 당신은 공개적으로 그리고 무척 담대하게 식민지 해방을 위해 싸웠고 '프랑스인이라는 수치심'으로 며칠 밤을 새워가며 눈물 흘렸어요. 지금은 어떤가요? 전반적으로 세계, 무엇보다 프랑스의 정치적 진보에 대해서 어떻게 생각하나요? 미테랑에게 투표하셨나요?

보부아르 네. 어쨌든 그렇게 하는 편이 조금 더 많은 정의를 가져왔기 때문이에요. 부자들에게는 더 많은 세금을, 가난한 사람들에게는 더 나은 연금을 보장하니까요. 페미니즘의 관점에서도 어느 정도 발전이 있어요. 이베트 루디는 예산을 주무르는 장관입니다. 그녀는 여성들을, 특히 연구소를 세우고 신문·잡지를 창간했던 페미니스트들을 크게 신임하고 있어요. 그녀는 피임에 찬성하는 캠페인을 벌였고 자유의사에 따른 임신 중절에 관한 '베유법'이 실제로 적용될 수 있도록 행동하고 있어요. 낙태 비용의 건강보험을 통한 환급 또한 관건입니다. 그 외에 관해서는…… 솔직히 말해 기적이 일어나리라곤 기대하지 않았어요. 아무도 기적을 일으키지 않아요, 특히 현재의 경제 위기 속에서는……. 이 사회주의 정부는 매우 온건하고 신중한 모습을 보여야 해요. 달리 어찌할 도리가 없어요. 안 그러면 혁명을 고려해야만 할 테니까요. 그건 당치 않은 일이에요. 아무튼 저 역시 현재로서는 폭력적이고 참혹한 혁명은 바라지 않아요. 대가가 너무 클 거예요. 따라서 세계의 질서를 두루 변화시키는 게 문제가 아닙니다. 단지 프랑스에서 있는 그대로의 사회를 조금 개선시키는 것뿐이죠.

슈바르처   우리가 이 대담에서 남자들에 대해 하도 많이 이야기해서 결론적으로 당신의 삶에 들어온 지 10년도 더 되고, 사르트르의 타계 이후 오늘날 당신에게 가장 소중한 사람임이 분명한 인물을 언급하고 싶어요. 서른아홉의 철학 교사 실비 르 봉을 말하는 겁니다. 여성들 사이에 커다란 우정은 드문데요…….

보부아르   저는 그 점에 대해 별로 확신하지 않아요. 사랑은 변하지만, 여성들의 우정은 지속되는 경우가 많아요……. 제 생각에는 오히려 남자들 사이에 진정한 우정이 극히 드물어요. 여자들은 자기들끼리 더 많은 것을 이야기하죠.

MLF(여성해방운동)가 주관한 뱅센 여성 박람회에서 실비 르 봉과(1973)

옮긴이의 말

이 책은 프랑스에서 1983년에 처음 출간되고 2008년 재출간된 알리스 슈바르처의 『시몬 드 보부아르와의 대담Entretiens avec Simone de Beauvoir』을 번역한 것이다. 2008년은 보부아르 탄생 100주년이 되는 해로 이를 기념하기 위해 프랑스에서는 다양한 행사가 열렸고, 출판계에서는 시몬 드 보부아르의 작품 재출간뿐만 아니라 그녀의 전기, 평론 등 많은 책이 출간되었다. 또한 문학잡지를 비롯한 여러 매체에서도 시몬 드 보부아르 특집호를 발간하였다. 이 대담집의 재출간도 그 가운데 하나다. 그러나 알리스 슈바르처가 서론에서 밝힌 재출간의 주된 이유 "그녀를 재발견하는 일이 시급하다! 왜냐하면 시몬 드 보부아르는 오늘날 우리가 스스로에게 제기하는 문제들에 정확히 답하고 있기 때문"이라는 지적은 오늘날에도 유효하고 이는 독자들도 책에서 확인할 수 있을 것이다.

이 대담집은 알리스 슈바르처가 시몬 드 보부아르와 공동으로 기획해 1972년부터 1982년까지 진행한 총 여섯 번의 대담으로 구성되어 있다. 이 대담 기간은 보부아르가 프랑스 여성운동에 적극적으로 참여하고 있던 시기다. 대담 내용은 주로 페미니즘에 관한 것으로 『제2의 성』과 그 주요 명제, 그녀의 페미니스트적 입장과 사유 그리고 젊은 페미니스트들과의 관계에 관한 것으로 이루어졌다. 또한 많은 오해와 왜곡, 찬탄과 질시를 불러일으킨 보부아르와 사르트르의 평생에 걸친 지적·사상적 동반자 관계와, 그들의 '자유 결합' 방식에 관한 이야기도 대담의 많은 부분을 차지하고 있다. 사르트르 자신도 한 번의 대담에 직접 참여하여 보부아르와의 삶과 페미니즘에 대한 자신의 견해를 들려준다. 나아가 대담 당시 갓 출간된 보부아르의 『노년』(1970)을 주제로 '노년'에 대한 객관적이고 보편적인 생각과 보부아르 자신의 노년 체험, 사랑, 우정, 평화주의, 정치 등에 관해서도 이야기한다. 보부아르는 서문에서 독자들이 이 책을 통해 그녀와 그녀가 깊이 결부된 대의, 즉 페미니즘을 더 잘 알 수 있게 되기를 희망하고 그것이 대담을 기획한 의도임을 밝히고 있다.

1. 페미니즘으로의 '전향'

현대 페미니즘의 기원이자 고전인 『제2의 성』(1949)의 저자 보부아르는 우리의 생각과는 달리 이 책 집필 당시 자신이 페미니스트가 아니었다고 말한다. 그녀는 이 책을 '우연히' 쓰게 되었고 집필 의도와 목적은 페미니즘 이론서가 아니라 동시대 여성들이 자신과 자신이 처한 상황을 이해하는 데 도움을 주기 위해서였다고 회고록에서 밝히고 있다. 보부아르는 『제2의 성』에서 여성의 상황을 총체적으로 연구하고 여성해방의 가능성과 조건을 면밀하게 분석한 후, 인간관계가 평등한 사회주의국가에서 여성문제가 해결되어 남녀평등이 이루어지리라는 낙관적인 태도로 책을 마친다. 이 책에서 그녀는 여러 차례 사회주의 사회에 대한 희망을 언급하고 있다. "오늘날 노동은 자유가 아니다. 여자가 노동함으로

써 자유를 확보할 수 있는 것은 오직 사회주의 세계에서뿐이다."* "여자와 남자가 평등하게 될 세계는 상상하기 쉽다. 왜냐하면 그것은 정확히 소비에트 혁명이 **약속한** 세계이기 때문이다."** 이처럼 보부아르는『제2의 성』을 집필할 당시 여자의 운명이 사회주의의 운명과 긴밀하게 연결되어 있다고 확신했다. 이런 입장은 소련 및 동구 공산주의 체제가 무너진 오늘의 시점에서 보면 시대착오적인 것처럼 보이지만, 당시 상황에서 볼 때 소비에트 혁명은 서구 좌파 지식인들에게는 희망이고 진행형이었다. 실제로 그녀는『제2의 성』출간 이후 오랫동안 페미니즘과 거리를 두고 있다가 1970년대 초에 처음으로 프랑스의 여성해방운동MLF. Mouvement de Libération des Femmes에 합류하여 페미니스트로서 활동한다. 그녀가 오랜 기간 페미니즘 활동을 하지 않았던 까닭은 이 책의 대담에서도 밝히고 있듯,『제2의 성』집필 당시 사회주의자였던 그녀는 여성 조건의 변화가 사회구조의 전면적 변화에 의해서만 이루어질 수 있다고 믿고 있었던 데 반해, 1950년에서 1970년까지 프랑스의 여성단체들은 계급투쟁과는 독립적으로 여성의 권리만을 위해 싸우는 개량적·준법적 단체였기 때문이라고 한다. 물론 이 기간에도 그녀는 여성문제에 대해 많은 글을 쓰고 여성 조건과 여성의 상황에 관해 프랑스뿐 아니라 전 세계적으로 많은 강연을 하였으나, 이는 작가와 지식인이라는 개인적인 차원에서였다.

페미니즘에 대한 보부아르의 입장 변화는 이미 1960년대 초부터 있었고, 1965년 보부아르의 평전을 쓴 프랑시스 장송과의 인터뷰에서 그

---

* 시몬 드 보부아르,「제2의 성」, 이정순 옮김, 을유문화사, 2021, 928쪽.

** 위의 책, 928쪽.

녀는 처음으로 자신이 '전적으로' 페미니스트임을 공개적으로 천명하였다. 그러나 페미니스트로서 다른 여성들과 함께하는 구체적인 행동은 6년 후인 1971년에 가서야 프랑스 내 피임·낙태 합법화를 위한 활동을 하면서 시작하였다. 보부아르는 페미니즘에 대한 입장 변화의 이유로 첫째, 『제2의 성』 출간 이후 20여 년이 흐르는 동안 프랑스 여성의 상황이 실질적으로 거의 변화하지 않았고 둘째, 세계 어느 곳에서도 사회주의가 남녀평등을 가져오지 않았음을 확인했기 때문이라고 밝힌다. 게다가 대담에서도 말하듯이 모든 사람, 특히 젊은이들과 여성들을 해방시키기 위해 만들어진 "프랑스 좌파 운동 내에서, 심지어 극좌파 운동 내에서조차 남자와 여자 사이에 뿌리 깊은 불평등이 있다는 사실을 확인"하고 여성문제는 여성들 스스로 해결해야 한다는 자각에 이르렀다고 한다. 그리하여 보부아르의 페미니스트 활동은 사회주의 사회에 대한 희망에서 벗어나 계급투쟁과 병행시킨 여성들의 정치적·사회적 권리를 지금 여기서 구체적으로 요구하고 실현하는 투쟁으로 변모한다. 보부아르의 페미니스트 활동의 실마리가 된 피임·낙태 합법화를 위한 투쟁은 1968년 5월 혁명의 영향을 받고 일어난 MLF의 젊은 페미니스트들이 주도하였다. 보부아르는 그들의 새로운 페미니즘이 그녀의 사상과 일치하는 혁명적이고 급진적인 여성운동이어서 MLF의 페미니스트 가운데 몇 명이 '343인 선언' 작성과 서명을 위해 그녀에게 접촉해왔을 때 주저하지 않았다고 한다. 이를 기점으로 보부아르의 페미니스트 활동과 사유는 1986년 타계 시까지 점점 더 적극적이고 급진적으로 변모한다. 그 내용은 대담에서 독자들이 직접 확인할 수 있고 그녀의 페미니스트 활동은 연보에 자세히 기재되어 있다.

보부아르는 이 책의 대담에서 여성운동 전략으로서의 페미니즘 정치학, 섹슈얼리티, 모성, 여성과 일, 신여성성의 등장, 여성과 평화, 여성과 정치 등 페미니즘의 여러 쟁점에 대해 자신의 의견을 피력한다. 그녀의 페미니즘 활동은 당연히 『제2의 성』에 이론적·철학적 토대를 두고 있다. 1972년 출간된 회고록 제4권 『결국Tout compte fait』에서 그녀는 페미니즘과 관련해 이론적으로는 같은 입장에 머물러 있으나 실천적이고 전략적인 면에서는 입장이 변하였다고 밝히고 있다. 1983년에 출간된 이 대담집의 서문에서도 유사한 의견을 표명하고 있다. 페미니즘에 참여하던 때부터 그녀의 생각들은 거의 변하지 않았으나 페미니스트적 실천의 영향을 받아 약간 수정될 수 있었다고 한다. 따라서 독자들은 이 책을 읽으면서 보부아르의 페미니즘 이론과 실천이 어떻게 변화하는지—큰 변화는 아니지만—그 궤적을 따라갈 수 있다.

『제2의 성』 이후 보부아르는 여성문제에 대해 그와 같은 규모의 후속작을 구상한 적이 있으나 여성에 관한 새로운 연구가 유효하기 위해서는 이론보다는 실천에 근거를 두고, 실천에서 이론이 나와야 한다는 것을 깨달았다고 한다. 그리하여 페미니즘 이론서 저술 대신 페미니스트 활동을 하면서 많은 양의 기사, 강연, 서문, 인터뷰, 대담, 선언을 통해 여성문제에 대한 자신의 사유, 성찰, 의견, 입장 등을 표명하였다. 이 책의 대담들도 수많은 인터뷰 중 일부이고, 다른 인터뷰에서 언급된 내용과 다소 중복되는 부분도 있다. 그러나 다른 인터뷰 대부분이 일회적인데 반해 이 책에 수록된 대담은 일회성으로 끝나는 것이 아니라 10여 년에 걸친 연속적이고 일관적인 전개를 통해서 『제2의 성』 이후 보부아르의 페미니즘 사상을 전체적으로 조망할 수 있게 해주는 장점을 갖추고 있다. 특히 본질적으로 남녀의 차이가 존재한다고 주장하고 여성의 우월성에 주안점을 두는 '차이주의' 페미니스트들과, 그들의 사상 및 이론을 추종했던 연구자들로부터 많은 비판과 공격을 받았던 보부아르의 육성을 처음으로 듣게 된 것은 의미 있는 일이라고 생각한다. 남녀의 차이는 자연적인 것이 아니라 사회·문화적 결과라는 반자연주의적이고 반본질주의적인 위치에 서 있는 보부아르는 1970년대 페미니스트 진영 자체에서 나타난 양성의 '자연적 역할 개념'의 회귀와 '영원한 여성'의 신화화 경향에 대해 비판하며 그것이 남성들 책략에 이용당할 위험성에 대해 경고하고 있다.

"우리는 여자로 태어나는 것이 아니라 여자가 되는 것이다"라는 『제2의 성』의 유명한 명제는 여성성이 본질이 아니라는 사실을 함축하고 있다. 보부아르는 여성성이 여자들의 억압을 고착시키고 자연화하는 사회·문화적인 구성물로서 이해되어야 한다는 입장이다. "여성성은 본질도 천성도 아니다. 그것은 몇몇 생리적인 조건에서 인류 문화에 의해 만들어진 상황이다"라는 보부아르의 주장은 남성성에도 적용될 수 있다. 남녀의 차이가 자연적 차원이 아니라 문화적 차원이므로 변화될 수 있고 변화되리라는 것이 『제2의 성』의 주요 명제 중 하나이다. 따라서 '영원한 여성'은 허구일 뿐이고 여자가 남자보다 자연적으로 열등하다고 생각하지 않기 때문에 여자가 남자보다 천성적으로 우월하다고도 생각하지 않는다는 보부아르의 견해는 타당하다 할 수 있다.

한편 이 대담집에서 가장 흥미로운 부분 중 하나는 육십대 중후반의 보부아르와 사르트르가 그들의 과거와 대담 당시의 관계에 대해 이야기하는 부분이다. 슈바르처는 보부아르뿐만 아니라 사르트르도 함께 대담 대상으로 삼아 두 사람의 관계를 논하고, 감정적 차원의 솔직한 답변을 이끌어낸다. 보부아르는 이미 다섯 권에 걸친 회고록을 통해 사르트르르가 자기 삶에 들어온 때부터 그의 죽음으로 끝나기까지 50여 년간 지속된 두 사람의 공동생활과 그들의 관계를 최대한 있는 그대로 독자들에게 진정성 있게 이야기한다. 하지만 독자들과 연구자들은 보부아르의 관점에서 쓰인 그들의 관계를 읽을 수 있었던 반면, 사르트르의 의견이나 생각은 알 수 없어 그 부분에 일말의 부족함을 느껴왔을 것이다. 사르트르는 자기의 유년 시절을 이야기하고 있는 『말』 이외에 자서전을 쓰지 않아 독자들은 그가 보부아르와의 관계나 공동생활을 어떻게 생각하는지 알 수 없었으나, 이번 대담을 통해 사르트르의 의견을 듣고 그에 대한 궁금증을 조금이나마 해소할 수 있을 것이다. 물론 젊은 시절 사르트르가 보부아르에게 보낸 편지인 『카스토르와 다른 몇몇 여성에게 보낸 편지 1·2Lettres au Castor et à quelques autres, tomes I et II』(1983)를 읽는다면 그 부분을 충분히 알 수 있겠지만 아쉽게도 이 책이 한국에는 아직 번역돼 나오지 않았다.• 이 책은 보부아르가 사르트르 사후 프랑스에서 출간하였다.

2. 계약 결혼

보부아르의 회고록에서 사르트르가 등장하는 것은 회고록 1권 『얌전한 처녀의 회상Mémoires d'une jeune fille rangée』의 끝부분에서다. 두 사람 모두 철학 교수 자격 필기시험에 합격하고 구술시험을 함께 준비하려는 시점에 사르트르가 보부아르에게 "이제부터 내가 당신을 책임지겠다"라

• 사르트르의 서한에 대한 답신으로 보부아르가 쓴 편지들 『사르트르에게 보낸 편지 1·2(Lettres à Sartre tomes I et II)』는 1990년 프랑스에서 양녀 실비 르 봉에 의해 출간되었다.

고 제안하며 일종의 프러포즈를 한다. 둘은 짧은 기간이지만 함께 많은 시간을 보내며 깊은 대화를 나눈다. 보부아르는 사르트르와의 만남에 대해 이 책에 다음과 같이 쓰고 있다. "사르트르는 내가 열다섯 살에 한 기원祈願에 정확히 응답하고 있었다. 그는 내 모든 극단적인 기벽을 지닌 나의 분신이었다. 나는 그와 언제나 모든 것을 함께 할 수 있을 것이다. 8월 초 (가족과 휴가를 보내기 위해) 그와 헤어졌을 때 나는 그가 내 인생에서 절대로 나가지 않을 것임을 알고 있었다."

그리고 두 번째 회고록 『나이의 힘La Force de l'âge』부터 보부아르는 그들의 공동생활을 본격적으로 이야기하고, 공동생활에 대한 회고록은 『상황의 힘La Force des choses』과 『결국』으로 이어진 후 사르트르의 생애 마지막을 이야기하는 『작별의 의식』으로 끝을 맺는다. 이 책의 마지막 문장은 다음과 같다. "그의 죽음이 우리를 갈라놓고 있다. 나의 죽음이 우리를 결합시키지 못할 것이다. 그런 것이다. 우리의 삶이 그토록 오랫동안 일치할 수 있었던 것만으로도 이미 아름다운 일이다."

그들의 관계는 널리 알려져 있듯이 전통적인 커플의 삶의 방식이 아니었고, 젊은 시절 보부아르가 아직 페미니스트적 의식이 없었음에도 그들은 이미 평등한 남녀 관계를 영위하고 있었다는 것을 회고록은 보여주고 있다. 육십대의 보부아르는 대담에서 그들의 일상적 삶의 방식을 페미니스트적 관점에서 회고한다. 그들의 자유 결합의 여러 측면을 구체적으로 설명하면서 일례로 그들이 단지 결혼하지 않았을 뿐 아니라 한집에 살지 않음으로써 보부아르가 어떻게 여성적 예속에서 벗어날 수 있었는지, 그리고 두 사람 사이에 "일상생활을 불모의 상태로 만드는 타성이 개입하는 것"을 어떻게 피할 수 있었는지에 대한 증언은 페미니즘에서 평등한 커플의 삶의 방식이 어떠해야 하는지 하나의 참조 기준이 될 만하다. 왜냐하면 슈바르처가 서론에서도 언급하듯, 그들의 관계는 "모든 세대에게 '자유 결합'의 전형을 다른 어떤 '자유 결합'보다 더 잘 구현"했기 때문이다.

보부아르와의 "페미니스트적이고 개인적인" 친분 덕분에 슈바르처는 보부아르 회고록에 담겨 있지 않은 아주 사적이고 가장 내밀한 부분, 가령 사르트르와의 성관계, 전부는 아니더라도 그녀 자신의 섹슈얼리티—왜냐하면 보부아르의 양성애는 그녀 사후 알려졌으므로. 그 이유에 대해서는 슈바르처가 서론에서 자세히 언급하고 있다—는 물론 사르트르의 섹슈얼리티조차 보부아르에게서 답변을 끌어낼 수 있었다. 또한 모든 커플에게 제기되는 아이 문제와 두 사람의 재정적·물질적 문제에 대해서도 자세히 짚고 넘어간다. 독자들은 보부아르 회고록의 진정성에 이미 익숙했다고 해도 이런 부분들을 읽으며 회고록이 한층 더 완결되는 느낌을 받을 것이다.

보부아르와 사르트르의 자유 결합은 우리 시대 남녀 관계의 풍속을 바꿔놓은 것으로 평가된다. 그들의 관계는 서구에서 "여러 세대에게 각자의 자유를 존중하는 애정 관계의 모델이 되었고 어쩌면 여전히 모델이 되는 관계"라고 슈바르처는 말하고 있다. 우리로서는 그들의 사랑이 어떻게 그렇게 긴 세월에 걸쳐 성공적으로 이어질 수 있었는지에 주목하게 된다.

그들의 사랑은 사르트르가 23세, 보부아르가 21세에 만나 사르트르의 제안에 따라 2년간의 '계약'으로 시작된다. 우리에게 흔히 '계약 결혼'으로 알려진 그들의 관계는 '결혼'이라는 용어로 불릴 뿐이지 어떠한 형식도 서면 계약도 존재하지 않는 남녀 관계의 한 형태에 불과하다. 그들의 관계는 구두로 표현된 약속이며, 두 사람은 서로에 대한 애정과 신뢰를 바탕으로 일생 그 약속을 충실하게 지켜나갔다. 우선 2년 동안, 실험적으로 가능한 한 가장 가까운 사이로 지내본 뒤에 계약을 갱신하자던 그들의 약속은 2년 뒤 서로의 관계를 '필연적'으로 규정하되 '우연적인 사랑'도 서로에게 허용하는 영원한 관계로 들어가자는 데 합의하게 된다. '계약' 당시 또 하나의 조건은 두 사람이 서로에게 거짓말을 하지 않고 모든 것을 숨김없이 말하자는 약속이다. 둘은 서로에게 투명한 의식이기를 바랐고, 감정적 차원에서뿐 아니라 지적인 차원에서도 이 약속을 충실히 실행해나갔다. 이 책의 대담 중에 커플 간의 의사소통에 대한 보부아르의 성찰은 두 사람의 이런 약속 이행의 경험에 기원을 두고 있다.

두 사람만의 사랑이 아닌 우연적인 사랑들로 인해 그들은 질투와 소외, 그에 따른 번민과 외로움 등 일반적이고 소소한 연애 감정부터 불같은 열정과 환희, 이별과 상실의 고통 등 심리적 차원에서 예기치 못한 어려움과 위기까지 겪기도 하고, 두 사람도 인정하듯 제삼의 인물들이 희생되는 일도 있었다. 보부아르는 이런 모든 경험을 '회고록'에서 있는 그대로 이야기하는 한편, 소설 『초대받은 여인』(1943)과 『레 망다랭』(1954)에도 문학적으로 형상화해 독자들이 그 전모를 짐작할 수 있게 했다. 『초대받은 여인』의 세 주인공 프랑수아즈, 피에르, 올가 '트리오'의 공동 삶의 시도와 무산, 『레 망다랭』에서 미국 연인 루이스에 대한 안의 열정, 한계를 두고 시작했으나 걷잡을 수 없이 빠져드는 그와의 사랑 앞에서 몸부림치고 절망하는 안의 모습이 그것이다. 안과 루이스의 대서양을 횡단하던 사랑은 한동안 지속되다가 결국 파국에 이른다. 또한 이들 사랑의 실제 모델이었던 보부아르와 넬슨 올그런과의 사랑은 『시몬 드 보부아르의 연애편지』를 통해서 우리에게도 알려졌다. 다른 우연적인 사랑의 이야기들도 보부아르와 사르트르의 서간집들이 차후 번역 소개된다면 독자들에게 알려지게 될 것이다.

여하튼 이 모든 것에도 불구하고 보부아르와 사르트르의 '계약'은 끝까지 지켜질 수 있었다. 그 주된 이유는 애초부터 그들의 관계가 장차 쓰게 될 문학작품에 모든 것을 건 두 미래 작가의 만남이었기 때문이다. 보부아르에 의하면 그들은 둘 다 문학에서 '구원salut'을 찾는 '신비주의자들mystiques'이었다. 보부아르는 열네 살 무렵 신앙심을 잃고 죽음을 경험한 뒤 무의미해진 자기 삶을 수많은 독자에게 사랑받는 문학작품을 씀으로써 자신과 타인들에게 정당화하고자 했다.• 사르트르 또한 "책들은 한탄스러울 정도로 우연적인 이 세계에 필연성을 들여오고 이 필연성은 그 저자에게로 미친다"라고 생각했다. "어떤 것들은 그 자신이 직접 말해야 했으며 그렇게 해서 그의 존재가 완전히 정당화될 것"이라고 믿고 있었다. 그가 보기에 "예술 작품, 즉 문학작품은 하나의 절대적 목적이고 그 자체로 존재 이유와 그것을 창조한 자의 존재 이유를 지니고 있었다. (…) 그는 중요한 진실들이 자기에게 드러나서 그것들을 세상에 받아들이게 할 사명이 있다"라고 생각했다.•• '글쓰기 계획'에 있어서 두 사람 사이에는 다소 차이가 있었지만 그들의 관계는 함께 세계와 진실을 발견하고 그것들을 작품 속에서 증언해 세계를 밝히고 변화하는 데 도움을 주겠다는 공통된 목표와 계획에 토대를 두고 있었다. 그들은 이런 초기 계획을 실현하기 위해 젊은 시절 모든 것을 함께 경험하고 대화하

• 이정순, "시몬 드 보부아르의 삶, 작품, 사상의 변증법적 관계", 〈지식의 지평〉 4호, 한국학술협의회, 2008, 240~253쪽 참조.

•• 『얌전한 처녀의 회상』 원서 참조. 두 사람은 훗날 제2차 세계대전의 발발과 함께 인간현실과 자신들을 포함한 프티부르주아 지식인의 객관적 현실을 발견하며 문학작품에 대한 이런 믿음에서 깨어나고, 전후 그들의 문학은 '참여문학'이 된다.

고 토론하고 각자 글로 써나가는 노력을 기울였고, 두 사람은 서로에게 문학과 철학적 작업에서 대체 불가능한 협력자의 관계를 일생 유지하게 되었다. 협력자의 역할이란 초기 단계에서 각자의 작품 계획이나 사상을 발전시키는 데 있어서 상호 토론자의 역할을 하고 각자 작품을 완성하면 상대가 첫 번째로 읽고 가차 없는 비판과 지지를 보내는 등 날카로운 비평자의 역할이었다. 1963년 오십대 중반에 펴낸 회고록 『상황의 힘』에서 보부아르는 이렇게 쓰고 있다.

"내 인생에는 확실한 성공이 하나 있다. 사르트르와의 관계가 그것이다. 30년 동안 우리가 반목한 채로 잠을 이룬 것은 단 하룻밤뿐이었다. 그 긴 결합도 우리가 우리의 대화에 갖는 관심을 줄게 하지는 않았다. (…) 우리의 사유는 실로 끊임없이 서로를 비판하고 수정하고 지지해왔기 때문에 이제는 모든 게 우리 두 사람 공통의 것이 되었다. (…) 우리는 세계를 파악하는 데 같은 도구, 같은 도식, 같은 열쇠를 사용한다. 아주 빈번하게 한 사람이 시작한 문장을 다른 사람이 끝맺는다. 누군가 우리에게 질문하면 우리가 함께 같은 대답을 하는 일이 일어난다. 하나의 말이나 감각이나 사소한 것에서 출발해 우리는 같은 내부의 통로를 지나 제삼자에겐 전혀 예측이 안 되는 같은 결론—어떤 추억이나 상호 접근—에 동시에 도달한다. 우리가 서로의 창작물에서 자신을 발견하더라도 더는 놀라지 않는다. 나는 최근 사르트르가 1952년경 적어놓은 메모를 읽은 적이 있다. 나는 그것을 모르고 있었다. 나는 거기서 내가 10여 년 뒤 회고록에 쓴 것과 거의 한마디도 다르지 않은 대목들을 발견했다."

또한 보부아르가 사르트르 사후 출간한 『작별의 의식』의 서문은 이렇게 시작한다. "여기 내 책 중에서 인쇄되기 전 당신이 읽지 못하게 될 분명 유일한 첫 번째 책이 있습니다. 이 책 전체가 당신에게 바쳐진 것인데 당신과는 아무 관련이 없게 되었습니다." 그러므로 커플 간에 서로에 대한 성적 관심이 사라지거나 아이가 없다 해도 그들의 관계가 본질적으로 지적인 관계였기 때문에 그들은 서로에게 또 각자 자기 자신에게 충분할 수 있었던 것이다. 그러나 사르트르는 두 사람이 "단지 문학뿐만 아니라 삶이 문제가 될 때도 (…) 각자가 상대에게 영향을 미치면서 언제나 함께 결정"했고 "서로 전적으로 영향을 미쳤다"라고 대담에서 말하고 있다. 보부아르는 이 모든 사실을 이미 회고록에서 밝히고 있지만, 보부아르와 사르트르 두 사람의 육성을 통해 확인할 수 있는 것도 이 대담집이 지닌 매력 중 하나다.

그 밖에도 보부아르가 자기 삶을 페미니스트의 관점에서 바라보며 여성으로서 자신의 특권적인 위치를 '알리바이 여성femme d'alibi'으로 인정하는 모습에서 자신의 사회적 책임을 의식하는 비판적 지식인의 태도를, 나이 듦으로 인해 자신이 쇠퇴하는 모습과 돌이킬 수 없는 노년에 대한 체험을 가감 없이 이야기하는 모습에서는 인간 조건의 현실을 정면으로 바라보고 그 진실을 독자들과 소통하고자 했던 보부아르의 작가적 소명 의식을 엿볼 수 있다. 또한 『제2의 성』에서 심대한 영향을 받아 행동에 옮긴 MLF의 젊은 페미니스트들에게서 많은 것을 배웠다고 공개적으로 기꺼이 인정하는 보부아르의 면모와 그녀가 전 세계 수백만 여성들의 우상이라는 슈바르처의 말에 "우리는 스스로를 결코 우상으로 보지 않아요. 시몬 드 보부아르, 저는 타인들에게나 시몬 드 보부아르지 저 자신에게는 아니니까요"라고 말하는 보부아르의 반응은 타인들에게 자신의 권위를 내세울 법도 한 세계적인 작가이자 철학자이며 현대 페미니즘의 어머니라는 신화적 이미지와는 달리, 평소 그녀의 소탈함과 솔직한 태도를 보여준다. 요컨대 이 대담집을 통해서 시몬 드 보부아르라는 사람이 어떤 인물인지를 독자들이 알고 느낄 수 있다면 그녀의 기획 의도는 성공한 것이라고 말할 수 있겠다. 물론 독자들은 대담에서 보부아르가 표명하는 페미니스트로서의 입장과 의견에 동의하지 않을 수도 있다.

보부아르 사후 서구 사회와 학계에서는 '보부아르 다시 읽기'가 시작되었다. 또한 '『제2의 성』 50주년'(1999)과 '시몬 드 보부아르 탄생 100주년'(2008)을 기념하는 두 차례의 국제학술대회가 프랑스 파리에서 개최된 것을 계기로 보부아르의 삶, 작품, 사상이 재조명되고, 그녀에 관한 연구가 본격적으로 되살아나고 있다. 한국에서는 『제2의 성』의 원전 완역본이 2021년에야 출간되었고, 『제2의 성』 이후의 보부아르의 페미니즘 사상과 활동에 대한 정보가 부재하였다. 그런 가운데 이 책이 번역되어 독자들과 연구자들이 그에 대해 일부나마 접할 수 있게 돼 역자로서 기쁜 마음이다. 『제2의 성』에 이어서 이 책이 앞으로 보부아르와 그녀의 작품 그리고 그녀의 페미니즘 사상에 관한 관심과 연구가 되살아날 수 있는 계기가 되기를 진심으로 바란다.

2022년 가을

이정순

1908 1월 9일, 파리 몽파르나스에서 조르주 베르트랑 드 보부아르와 프랑수아즈 드 보부아르 사이에서 첫째로 태어난다. 태어날 때 이름은 시몬 뤼시 에르네스틴 마리 베르트랑 드 보부아르다.

1910 6월 6일, 여동생 엘렌 드 보부아르가 태어난다.

1913 파리 야코브 거리에 있는 가톨릭계 사립 여학교 쿠르 데지르에 입학한다.

1917 쿠르 데지르에서 자자를 만나 깊은 교우 관계를 맺는다.

1919 보부아르 집안은 유복한 부르주아 출신이었으나, 외할아버지가 운영하던 은행이 파산하고 아버지는 연극이나 문학에 심취해 일을 등한시한다. 제1차 세계대전을 겪으며 가정 형편이 더욱 어려워지자 가족은 렌 거리의 좁은 공동 주택으로 이사한다.

1922 경건한 가톨릭 신자였지만 고해성사 때 신부의 세속적인 발언에 분노를 느낀 후 신앙심을 잃는다.

1924 쿠르 데지르를 졸업하고 대학 입학 자격시험(바칼로레아)을 통과한다.

1926   부모님의 반대에도 불구하고 철학 교사가 되기로 마음먹고, 소르본대
학교에 입학해 철학 공부를 시작한다.

1929   장송드사이 고등학교에서 수습교사로 일하는 한편, 철학 교수 자격
시험(아그레가시옹)을 준비하면서 사르트르와 르네 마외, 폴 니장 등과
함께 공부한다. 7월, 철학 교수 자격시험에 사상 최연소로 합격한다.
전년도에 낙제한 사르트르가 수석, 보부아르는 차석이었다. 사르트르
와 서로를 가장 중요시하면서 자유로운 연애를 허용하는 2년간의 '계
약 결혼'을 시작한다. 절친했던 친구 자자가 어린 나이에 사망한다.

1931   마르세유의 몽그랑 고등학교에서 철학 교사로 교직 생활을 시작한다.

1932   루앙의 잔다르크 고등학교에 부임하고, 훗날 메디시스상을 수상하는
작가이자 희곡가인 동료 교사 콜레트 오드리, 제자 올가 코사키에비
치를 만난다. 사르트르의 소개로 자크 로랑 보스트를 알게 된다.

1936   파리의 몰리에르 고등학교에 부임한다.

1938   갈리마르 출판사로부터 자자의 죽음을 소재로 한 소설 『정신적인 것
의 우위Primauté du Spirituel』 출간을 거절당한다. 자크 로랑과의 관계가
깊어지고, 소련에서 망명한 제자 나탈리 소로킨을 알게 된다.

1941 아버지 조르주 베르트랑 드 보부아르가 사망한다. 사르트르가 보부 아르의 『초대받은 여자』의 원고를 갈리마르 출판사에 가져간다. 나 탈리 소로킨의 어머니가 미성년자인 자기 딸을 유혹했다며 보부아 르를 고발하고, 보부아르는 2년 뒤 철학 교사 자격을 박탈당한다.

1943 소설 『초대받은 여자』를 출간한다. 보부아르의 징계 면직이 취소되고, 교원 자격을 회복한다.

1944 4월 21일 시행된 정령 제17조에 의해 여성 참정권이 인정된다. 철학 에세이 『피뤼스와 시네아스Pyrrhus et Cinéas』(국내 출간명 『모든 사람은 혼자다』)를 출간한다.

1945 4월 29일부터 5월 13일에 걸쳐 실시된 지방선거에서 여성이 처음으로 선거권을 행사한다. 사르트르와 비평 잡지 〈현대〉를 창간한다. 희곡 「군식구Les Bouches inutiles」와 소설 『타인의 피』를 출간한다.

1946 소설 『모든 인간은 죽는다』를 출간한다.

1947 미국 시카고에서 작가 넬슨 올그런과 만나 연인이 된다. 철학 에세이 『애매성의 윤리를 위하여Pour Une Morale de L'ambiguïté』(국내 출간명 『그러나 혼자만은 아니다』)를 출간한다.

1948   5월, 〈현대〉에 「여성과 신화」를 발표한다. 미국에 체류하며 올그런과 지낸다. 7월 중순 파리로 돌아와 『제2의 성』의 집필에 몰두한다. 기행문 『미국에서의 나날들L'Amérique au Jour le Jour』(국내 출간명 『미국여행기』.)을 출간한다.

1949   6월에 『제2의 성: 사실과 신화』(제1권)를, 11월에 『제2의 성: 체험』(제2권)을 출간한다.

1952   훗날 나치스 독일에 의한 유대인 대량 학살에 관한 영화 〈SHOAH 쇼아〉(1985)를 제작하는 클로드 란즈만과 연인이 된다.

1954   소설 『레 망다랭』을 출간하고, 이 작품으로 공쿠르상을 수상한다.

1955   1955년 〈현대〉를 통해 발표한 「사드를 화형에 처해야 하는가?」를 포함한 정치철학 관련 글 몇 편을 엮어 철학 에세이 『특권Privilèges』을 출간한다.

1957   중국 방문기 『대장정La Longue Marche』을 출간한다.

1958   첫 번째 회고록 『얌전한 처녀의 회상Mémoires d'une jeune fille rangée』(국내 출간명 『처녀시절/여자 한창때』)을 출간한다.

1960   알제리 독립을 지지하며 '121인 선언'에 서명한다. 두 번째 회고록『나이의 힘La Force de l'âge』(국내 출간명『계약 결혼』)을 출간한다.

1962   변호사 지젤 알리미 등과 함께 알제리전쟁 중 프랑스군에게 강간과 고문을 당한 알제리 해방운동가 자밀라 부파차의 이야기를 고발한『자밀라 부파차Djamila Boupacha』를 출간한다.

1963   어머니 프랑수아즈 드 보부아르가 암으로 쓰러지고, 입원 후 4주 만에 사망한다. 세 번째 회고록『상황의 힘』을 출간한다.

1964   어머니가 죽음에 이르는 과정에 대해 기록한 자전적 소설『아주 편안한 죽음』을 출간한다.

1966   9월, 사르트르와 함께 방일하여 한 달여 동안 도쿄, 교토, 히로시마 등을 방문한다. 소설『아름다운 영상』을 출간한다.

1967   소설집『위기의 여자』를 출간한다.

1970   철학 에세이『노년』을 출간한다.

1971   4월, 낙태 합법화를 요구하며 자신의 낙태 경험을 밝힌 '343인 선언

문'의 초안을 작성하고 서명한다. 7월, 지젤 알리미와 낙태 합법화를 요구하는 단체 '선택Choisir'을 설립하고 11월 20일, MLF 최초의 '피임과 중절의 자유화·무상화'를 위한 데모에 참여한다.

1972   2월, 알리스 슈바르처와 최초로 대담한다. 5월, 파리 공제조합 회관에서 여성에 대한 범죄를 고발하고 비밀 낙태의 상처와 정신적 충격을 증언하는 집회를 MLF와 개최한다. 강간 피해자인 17세 소녀가 불법 낙태를 했다는 이유로 어머니, 의사 등과 기소된 사건(일명 보비니 재판)에 참석해 증언한다. 네 번째 회고록 『결국』을 출간한다.

1973   〈현대〉의 「일상의 성차별주의」라는 시평란을 마련해 젊은 페미니스트 필자들과 독자들에게 프랑스 사회 곳곳에서 여성이 겪는 수많은 일상적인 성차별의 악습을 고발토록 하고 보부아르가 첫 번째 시평을 쓴다.

1974   '여성권리연맹'을 창설하고 회장직을 역임한다. 가정 내 폭력과 학대, 성폭력에 지친 여성들을 위한 쉼터 'SOS 매 맞은 여성들(훗날 'SOS 여성연대'로 개칭)' 설립을 지원한다. 11월, 베유법이 국민의회에서 가결되고, 낙태가 합법화된다.

1975   예루살렘 국제 도서전에서 수여하는 문학상 '예루살렘상'을 수상한다.

1977　　크리스틴 델피, 콜레트 기요망 등과 함께 급진적 페미니즘 이론 잡지
　　　　　　인 〈페미니즘의 질문들Questions Feministes〉(1981년 〈페미니즘의 새로
　　　　　　운 질문들Nouvelles Questions Feministes〉로 재창간)을 창간한다.

1978　　'오스트리아 정부 유럽문학상'을 수상한다.

1979　　'1938년 출간을 거절당했던『정신적인 것의 우위』를『정신적인 것이
　　　　　　우월할 때Quand Prime le spirituel』(국내 출간명『젊은날의 고뇌』)라는 제
　　　　　　목으로 출간한다.

1980　　4월, 사르트르가 사망한다.

1981　　실비 르 봉을 양녀로 삼고 사후 자신의 작품에 대한 모든 권리를 양
　　　　　　도한다. 사르트르의 말년을 기록한 회고록『작별의 의식』을 출간한다.

1982　　프랑스 미테랑 정권의 여권부 장관 이베트 루디의 요청으로 '여성과
　　　　　　문화 위원회'의 명예위원장을 맡아 적극적으로 참여한다. 프랑스 정
　　　　　　부는 보부아르의 공로를 높이 평가해 레지옹도뇌르훈장을 수여하려
　　　　　　했으나, 자신은 참여하는 지식인일 뿐이라며 거절한다.

1983　　덴마크 정부에서 유럽 문화 발전에 이바지한 인물에게 수여하는 '소

닝상'을 수상한다.

1986   4월 14일, 향년 78세로 사망하고 사르트르와 함께 몽파르나스 묘지에

안장된다.